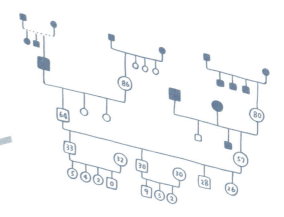

# 対人援助職のための
# ジェノグラム入門

家族理解と相談援助に役立つ
ツールの活かし方

編著 早樫一男

中央法規

# はじめに

　ジェノグラムに関するまとまった読み物があればという願いを込めたものが、一冊の書物になりました。

　そもそも、ジェノグラムとの出会いは約30年も前のことです。京都国際社会福祉センター（KISWEC）の家族療法訓練の中で、『ジェノグラムのはなし──家系図と家族療法』（モニカ・マクゴールドリック・ランディ・ガーソン著、石川元・渋沢田鶴子訳、東京図書、1988年）を紹介されました。

　私にとっては「バイブル」のような存在となり、本書で紹介する表記の仕方などについて、引用・参考にしていることをお断りしておきます。

　ところで、対人援助職は直接・間接を問わずさまざまな場で家族と出会うことになります。児童・障害者・高齢者などの相談を受ける福祉分野、医師・看護師・保健師などの医療保健分野、教員・スクールカウンセラー・スクールソーシャルワーカーといった教育分野、家庭裁判所調査官・弁護士などの司法分野など、多種多様な家族に関わる対人援助職の方々に、ぜひ、一読してもらいたいと願っています。必ず、現場で役に立つと思っています。

　第1章はジェノグラムそのものの解説です。第2章は表記の基本について紹介しています。第3章はジェノグラム活用のための家族理解、第4章は読み解き方、第5章はジェノグラムの扱いと事例、そして、第6章はジェノグラムカンファレンスの一端を紹介しています。興味や関心がある章から目を通して下さい。

　なお、事例についてはすべて仮名であり、プライバシーの保護の観点から再構成していることをお断りしておきます。

2016年春　早樫一男

# 推薦のことば

　早樫一男さんと私が二人三脚で、京都国際社会福祉センター (KISWEC) で25年以上も継続開催する家族療法（家族理解）ワークショップ (WS)。その中心にあるのがジェノグラムだといえる。WSの初期には、家族療法諸技法や様々な理論にも関心はあった。しかし続けていくうちに、役立つものは取り入れたが、次々登場するメニューには関心がなくなった。そして残ったのが「ジェノグラム」と「家族の構造理論」だった。

　私たちのジェノグラムの使い方が、家族心理臨床業界的にどういう位置づけになるかに、さほど関心はない。ただ、乳幼児から高齢者にいたるまでの対人援助現場において、使いやすく有益な道具として「ジェノグラム」はピカイチだと言える。

　早樫さんは時々私に、「このジェノグラム、どう思う？」といって見せることがある。それは時の人だったり、世間を賑わす事件渦中の家族のものだったりする。詳細を知らない私は、それを眺めながらあれやこれやと語る。的を射ていることも外していることもあるが、その両方がジェノグラムのもつ豊かさだ。そしてそこから今後の処遇を巡る考察の旅が始まる。そんなことを四半世紀も繰り返し、臨床現場で今も続けていて飽きることがない。これは家族・ジェノグラムのもつ魅力だと言えよう。

　現任者にとって役に立って面白い家族の学びをと願って先に出した『対人援助職のための家族理解入門――家族の構造理論を活かす』の兄弟本として出たこの本が、読者の仕事に貢献することは間違いないだろう。

# 目次

はじめに

推薦のことば──団士郎

## 第1章　アセスメントツールとしてのジェノグラム　001

### 第1節　家族アセスメントの重要性　002
　1．ジェノグラムは血縁と家族模様の関係図　002
　2．相談援助職のアセスメントツール　003
　3．援助者の主観、価値観にとらわれない　004
　4．ジェノグラムで家族の特徴や課題をつかむ　005

### 第2節　ジェノグラム活用の基本　007
　　　　──書く（作成）、読み解く（理解）、面接（たずねる）
　1．ジェノグラムへの足がかりをつかむ面接　007
　2．面接場面でのジェノグラム作成　008
　3．ジェノグラム作成は、面接力のスキルアップ　009
　　につながる

## 第2章　ジェノグラム活用のための基礎知識　011

### 第1節　ジェノグラム表記の基本　012
　1．男女　012
　2．故人　013
　3．夫婦（結婚・別居・離婚など）　014
　4．子ども（親子）に関わるさまざまな表記　017

### 第2節　時代を反映した記号の紹介　022
　1．ペット　022

2．単身赴任 …………………………………………………… 022
　　　3．人工授精など ……………………………………………… 023
　第3節　マッピング技法の展開 ………………………………… 025
　　　1．ファミリーマップ ………………………………………… 025
　　　2．エコマップ ………………………………………………… 026

《Column①》ちびまる子ちゃん一家、コボちゃん一家の …………… 028
　　　　　　ジェノグラムを読み解く

# 第3章　ジェノグラム活用のための家族理解　　031

　第1節　家族システムという考え方 …………………………… 032
　　　1．家族をとらえるときの視点──「円環的思考」を …… 032
　　　　　心がける
　　　2．家族を構成する単位に着目 ……………………………… 033
　第2節　家族理解への三つのキーワードを …………………… 035
　　　　　面接に活かす
　　　1．サブシステム ……………………………………………… 035
　　　2．世代間境界 ………………………………………………… 036
　　　3．パワー（決定） …………………………………………… 037
　第3節　三つのキーワードを念頭にたずねる ………………… 040
　　　1．命名（名づけ）の話題から家族を理解する …………… 040
　　　2．三世代同居家族への問いかけ …………………………… 045

《Column②》日本人に見られる名前の伝承 ………………………… 043
　　　　　　（レギュラーとイレギュラー）

## 第4章　ジェノグラムを読み解く　　　　　　　　　047

### 第1節　ジェノグラムが示唆するもの …………… 048
　　1．あらゆる対人援助職が使える共通のツール ………… 048
　　2．大切なのは「興味」「想像力」「疑問」………………… 048

《Column③》名字（姓）の変更 ………………………………… 051

### 第2節　ジェノグラムを用いた家族理解の道筋 ……… 054
　　1．家族構成 ………………………………………………… 054
　　2．発達段階 ………………………………………………… 055
　　3．歴史（時間軸）………………………………………… 057
　　4．暮らし …………………………………………………… 058
　　5．サブシステム …………………………………………… 058
　　6．親子関係 ………………………………………………… 061
　　7．個々の家族メンバー …………………………………… 062

《Column④》お家騒動 ………………………………………… 064


## 第5章　ジェノグラムを使った面接　　　　　　　067

### 第1節　基本の質問事項とその展開 …………… 068
　　1．初回面接 ………………………………………………… 068
　　2．相手の言葉を使うこと、続けること ………………… 068
　　3．家族の歴史をたずねる ………………………………… 069
　　4．家族の暮らしをたずねる ……………………………… 070

### 第2節　質問の工夫 ……………………………… 072
　　1．結婚 ……………………………………………………… 072
　　2．家族の呼び名（呼び方）……………………………… 074

3．父母の同胞へとたどる ……………………… 075
　第3節　ジェノグラム面接の実際 ……………………… 077
　　【事例Ⅰ】情報共有としてのジェノグラムづくり ………… 077
　　　　　　新婚期：若い夫婦のカップル面接
　　【事例Ⅱ】夫が妻への理解を深めるためのジェノグラム ……… 081
　　　　　　子育て初期：両親（夫婦）サブシステムが
　　　　　　脆弱な家族
　　【事例Ⅲ】三世代のジェノグラムを意識する ……………… 087
　　　　　　子育て中期：家族イメージがすれ違う夫婦
　　【事例Ⅳ】原家族に着目したジェノグラム ………………… 091
　　　　　　子育て中期：離婚の相談、家庭内別居
　　　　　　から家庭内再婚へ
　　【事例Ⅴ】人間関係を整理するためのジェノグラム ………… 095
　　　　　　子育て後期：養女となって続いた三世代家族
　　【事例Ⅵ】ジェノグラムを介して関係者会議を開く ………… 099
　　　　　　子育て後期：夫婦がお互いを見つめなおす
　　【事例Ⅶ】時間の流れに沿ったジェノグラムの作成 ………… 103
　　　　　　ステップファミリー：離婚・再婚家庭の
　　　　　　子どもへの支援
　　【事例Ⅷ】ホワイトボードを活用したジェノグラムの作成 …… 111
　　　　　　高齢者がいる家族：相続問題を解きほぐし、
　　　　　　高齢者本人の思いを支援する

## 第6章　ジェノグラムカンファレンス　　　　　117

　1．はじめに ……………………………………………… 118
　2．知っていることの落とし穴 …………………………… 118
　3．ジェノグラムカンファレンスの流れ ………………… 119
　4．ジェノグラムカンファレンスの実際 ………………… 120
　5．まとめにかえて ……………………………………… 129

付録　ジェノグラムのフォーマット……………………………… 131

参考文献……………………………………………………… 134

おわりに

編著者紹介

# 第1章
# アセスメントツールとしての
# ジェノグラム

第1節　家族アセスメントの重要性

第2節　ジェノグラム活用の基本
　　　　──書く（作成）、読み解く（理解）、
　　　　　面接（たずねる）

# 第1節　家族アセスメントの重要性

　児童・障害者・高齢者などへの援助を考える際、家族（関係）は重要な要素になります。福祉分野だけではなく、医療保健・教育・司法などの分野においても、援助者は家族（関係）の理解や把握、家族の重要性について強く感じていることでしょう。

## ❶ ジェノグラムは血縁と家族模様の関係図

　家族関係を把握するツールとして「ジェノグラム」が使われるようになりました。『ジェノグラムのはなし』（モニカ・マクゴールドリック・ランディ・ガーソン著）では、ジェノグラムは「血縁の歴史」であり、三世代以上の人間関係を盛り込んだ家族関係図であり、複雑な家族模様を一目で把握できるとされています。まさに、家族関係を視覚的に表すことができるのです。

　表記の仕方については、JIS規格のような統一されたルールはありませんが、基本をマスターすれば、ジェノグラムを作成できるようになります（☞第2章では表記の基本を紹介）。

　また、対人援助場面では、チームアプローチの重要性が強調されています。組織内の会議（カンファレンス）はもちろんのこと、関係機関の会議などにおいても、情報の共有が求められています。これらの場において役立つツールの一つが、家族情報をまとめたジェノグラムです。

　処遇や援助方針の検討の際にも、ジェノグラムは重要な資料になります。限られた時間の中で、情報共有と家族理解、さらには援助に関する議論を行ううえでも、的確にまとめられたジェノグラムはきっと役に立つことでしょう（図1-1）。

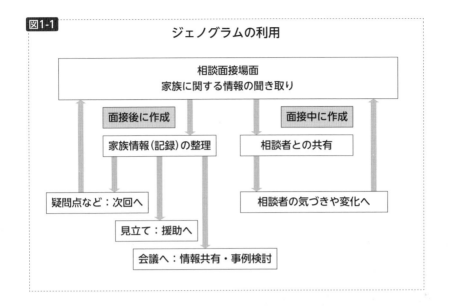
図1-1 ジェノグラムの利用

## ❷ 相談援助職のアセスメントツール

　援助者は、家族関係をジェノグラムによって視覚化するだけでは不十分です。援助対象者を含む家族を理解し、アセスメントする（見立てる）ことによって、援助プラン（手だて）を創造し、援助につなげることが重要です。
　では、家族のアセスメントはどのように行うのでしょうか？
　児童虐待事例の場合、必ず、家族アセスメントの重要性が強調されますが、家族アセスメントに関する具体的な手法はあまり紹介されていません。
　心理職はアセスメントツールとして、心理検査を用います。心理検査の結果を通して、本人のアセスメント（見立て）や処遇方針（手だて）を考えます。
　心理職にとっての心理検査のように、援助者にとってのアセスメント

ツールがジェノグラムです。相談援助の過程でジェノグラムを読み解くことによって、家族及び個人のアセスメント（見立て）や援助プラン（手だて）へとつなげることができるのです。

　前述の『ジェノグラムのはなし』では、症状や問題が家族という場でどのような関係にあり、時の流れにつれてどのようにつながっているかということを様々な面から推理することができるとし、「伝承される心の歴史」「心理的関係の歴史」であると紹介しています。まさに、家族アセスメントのツールなのです。なお、アセスメントの道筋としては、全体的な特徴（家族構造や年齢など）から個々（祖父母・父母・子ども）へと注目していく流れになります（☞読み解く道筋については第3章で紹介）。

## ❸ 援助者の主観、価値観にとらわれない

　私たちは、家族について語る際、育った家族（原家族（げんかぞく）と言います）や現家族での経験や価値観などをベースにしがちです。援助場面でも、援助者自身の主観（家族観や価値観など）が、ややもすれば家族アセスメントに反映されてしまいがちです。自らの家族経験がベースになることはやむを得ないことですが、援助対象者の家族に反映してしまう（投影や転移と言われるメカニズム）ことは極力避けなければなりません。家族アセスメント自体が、かなり主観的で妥当性に欠けるという落とし穴に陥ってしまうからです。

　援助者への助言などの機会を通して、自分自身の家族観を相対化しておくことは、専門性の担保といった点からも重要なことです。繰り返しになりますが、援助者は、個人の主観で家族を語る（アセスメントする）ことは避けなければならないのです。

　なお、家族アセスメントに参考になる考え方として、第3章第2節では

構造的な考え方(サブシステム・世代間境界・パワー(決定))を紹介します。

## ❹ ジェノグラムで家族の特徴や課題をつかむ

　ジェノグラムの作成に慣れれば、ジェノグラムを思い浮かべることで、家族の理解や個々の家族メンバーの理解に近づくことができるようになります。それは、家族全体及び家族メンバーそれぞれの特徴や課題について、思いを巡らせてみることだと言えるかもしれません(☞詳しくは第3章を参照)。

### ■ 家族構成と家族の発達段階に目を向ける

　家族全体に目を向ける際には、家族構成に注目します。三世代家族(父方または母方)、核家族、単親家族(父子、母子)などと、その類型によって抱える課題が異なるからです。
　また、家族としての発達段階にも注目します。家族は発達、変化しています。例えば、新婚期(夫婦のみ)、子育て期(初期、中期、後期)、熟年期などによって、直面する課題が異なってきます。その課題に対して、それぞれの家族はどのように対応しているか? 積み残している課題はないか? など、考えてみるのです。それは、家族の歴史(時間軸)に注目することにもつながります。家族の歴史や発達段階に沿って、家族メンバーは変化する場合がありますから、ときには時間の流れ(家族の節目)に沿ったジェノグラムを作成する必要もでてきます。それにより、その時々の家族のドラマがイメージしやすくなります。なお、第5章では家族の発達段階に応じた事例を挙げているので参考にしてください。

## ■ 夫婦、親子、きょうだいなどの家族関係に目を向ける

次のステップでは、両親（夫婦）関係、きょうだい関係、親子関係（出身家族との関係）に目を向けます。家族というシステムを考えるうえでも、それぞれの関係に注目してみることは大切なことです。

さらに、家族メンバーそれぞれにも思いを巡らせてみます。それは、特定の人物（子どもや親）に焦点を当てて考えてみるということです。どのような家族関係の中で育ってきたのか、家族からどのような影響を受けてきたのか等、特定の人物の理解につながるといった意味での家族理解の作業です。

特に、子どもの相談の場合、親の理解や親自身の気づきを深めるといった点からも、子どもを含めた三世代にわたるジェノグラムが重要であり、三世代の存在を意識してジェノグラムを作成できるように面接の場を活かしたいものです。

# 第2節　ジェノグラム活用の基本
### 書く（作成）、読み解く（理解）、面接（たずねる）

　家族関係をジェノグラムに作成するだけではなく、ジェノグラムから家族を理解すること、そして、援助につなげることは一連の作業です。さらに、この一連の作業には、面接が不可欠となります。

## ❶ ジェノグラムへの足がかりをつかむ面接

　初回面接では、担当者の紹介後、相談者の確認や相談内容（主訴）の聞き取りや調査等を行います。相談内容によっては、本人の情報（生育歴・教育歴、相談歴など）の確認とともに、家族に関する情報（家族関係、祖父母やきょうだいの確認等）についての聞き取りも行います。初回面接で不十分な場合、数回にわたる面接が実施されることもあります。児童虐待通告の場合なら、関係機関からの情報聴取、調査から始まることもあるでしょう。どのような相談であれ、担当者は面接（調査）終了後、定められた様式に従って記録の整理を行います。

　ところで、自ら相談に来た場合であっても、相談者は要領よく、あるいは的確に話ができるわけではありません。むしろ、問題や悩みが深ければ深いほど、さまざまな出来事について、思いつくまま話すことが多いものです。担当者は面接終了後、メモを振り返りながら、語られた内容を各様式に従って、要領よく、ポイントを押さえて記入・作成することになります。

　面接の実施を相談援助の第一段階とすれば、面接記録の整理は第二段階になります。この時点で、本人及び家族の状況（家族情報）をジェノグラムにすることを心がけたいものです。なぜなら、ジェノグラムは複

雑な家族状況も「一目瞭然」に表すことができるマップであり、血縁関係とともに、心理的な関係についても理解を深めるツールでもあるからです（図1-2）。

## ❷ 面接場面でのジェノグラム作成

さらには、面接の場で、ジェノグラムを作成することもできます。どのような面接であれ、相談者の話（特に家族にまつわる情報）を正確に聞き取ることは基本中の基本です。例えば、名前、年齢、関係といった初歩的なことを誤ってしまうのは避けなければならないことです。正確さは相談関係の形成、信頼感の構築につながる基本中の基本です。

相談者が話したことを正確に聞き取り、ジェノグラムとして目の前で見える形で作成することは、担当者と相談者との情報の共有の機会、協働作業にいたる契機になります。相談者の言葉を丁寧に聞き取り、関心をもつことにより、相談者が話した話題（言葉）を広げたり、深めていくことも大切なことです。そのプロセスは、調査項目を順番に聞いていくといった事務的な面接とは異なるものです。

面接場面でのジェノグラム作成のプロセスを通して、相談者自身が何

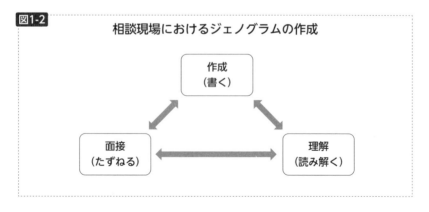

図1-2　相談現場におけるジェノグラムの作成

らかの気づきを深めることがあります。思いもかけない変化が生まれることも珍しくありません。

『ジェノグラムのはなし』では、家族と一緒につくっている最中に、家族メンバーが自分たちを新しい視点から見直し始めることがあるので、ジェノグラムはジョイニング（担当者が家族に合流すること）の一方法としても重要と紹介しています。相談者にとっては、理解されている（担当者は理解する）という感覚は信頼感につながる重要な要素ですから、ジェノグラムは貴重なツールであるということができるでしょう。

## ❸ ジェノグラム作成は、面接力のスキルアップにつながる

家族情報をジェノグラムとして作成する（書く）ことが一つのステップだとすれば、もう一つのステップは、ジェノグラム作成のプロセスから浮かびあがった疑問や不明なことがらなどを次回の面接相談（調査）の際に、質問として問いかける（質問の準備をしておく）ことだと言えるでしょう。ここには面接力のスキルアップにつながるという側面があります。

面接や調査の初期段階での家族情報をジェノグラムとして作成すれば、それで調査や見立てが終わりというものではありません。家族に関心をもち、理解を深めようとすれば、さまざまな疑問点や確認できていない点に気づくでしょう。

ジェノグラムを意識する（作成を心がける）ことは、面接力（質問力）や相談力を磨くことにつながるのです。

重要なことは、家族理解が不可欠な援助場面において、ジェノグラムを活用することは、単に家族関係の記録や整理（作成）に終わるのではなく、面接のあり方、さらにはケース理解や援助内容にもつながる（相互に関連している）システムとして考えることができるということです。

# 第2章
# ジェノグラム活用のための基礎知識

第1節　ジェノグラム表記の基本
第2節　時代を反映した記号の紹介
第3節　マッピング技法の展開

《Column①》
ちびまる子ちゃん一家、コボちゃん一家の
ジェノグラムを読み解く

# 第1節　ジェノグラム表記の基本

　相談援助の現場において、面接を進めながらジェノグラムを作成できるようになってもらいたいというのが私の願いです。
　ただし、さまざまなジェノグラムの表記を見てきた経験から、ジェノグラムについては、「これが唯一の正解である」とか「絶対にこれしかない」という表記はないというのが私の結論です。
　とは言っても、表記やその意味するところがまったくバラバラだと、現場には混乱しか生まれません。最小限、共通ルールのようなものは必要ではないかと考えています。ここで紹介する表記は、私が通常使用しているもので相談援助の現場ではすでに利用されているものが多くあります。改めて紹介するのは、「最小限の基本」と考えたいという提案の意味が含まれています。
　表記については、第1章で紹介した『ジェノグラムのはなし』がベースになっており、参考にしているものが多くあります。
　実際にジェノグラムを作成する場合、「見やすく」「分かりやすく」といったことに配慮、工夫するよう心がけることが大切です。

## ❶ 男女

　男性は□、女性は○で表します。面接や調査を通して年齢（生年月日）が分かっている場合、□や○の中や側に数字を記入します。
　ただし、年齢か生年月日のいずれの記入が適当なのかは、ジェノグラムの扱い方（その場の状況）を踏まえて判断してください（図2-1）。
　本人や当事者と呼ばれる人（問題となっている人：家族療法ではIP《Identified Patient》と呼びます）については、□や○を二重で表します。

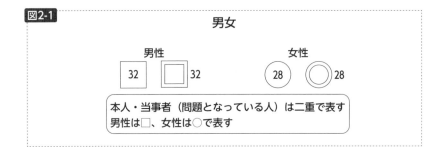

## ❷ 故人

　故人の場合は□や○の中に×を重ねます。亡くなった年齢が分かれば、□や○の中に記入し、×は年齢に重ならないように加えます。■や●で表す場合もあります。生年（月日）や没年（月日）を、故人のマークの真下に表記で記入することもできます（図2－2）。なお、誕生や死亡の年月日に関する情報をジェノグラム上ではなく、別に記載する場合もあります。

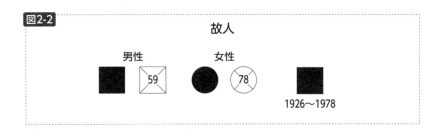

### コメント▶年齢情報と家族のドラマ

　図2-3は夫が52歳で亡くなった時点での夫婦の年齢を表したものです。大切な家族メンバーの喪失は残された家族にとって、大変大きな出来事であり、さまざまな影響を与えることになります。

　年齢が記入されることによって、ジェノグラムの理解に奥深さが加わります。家族メンバーが亡くなった際の年齢や年月日を加えることで、その後の家族に起こりうるドラマに思いを巡らせることができるようになります。思い巡らせたことについて、確認（質問）する作業を丁寧に行うことによって、家族への理解が深まっていきます。

図2-3

## ❸ 夫婦（結婚・別居・離婚など）

　家族の基本は夫婦です。男性（夫）は左、女性（妻）は右とします。□と○それぞれの中央下から、短い縦線をおろし、双方の縦線を横線でつなぎます。□（夫）と○（妻）をたんに直接横線でつなぐ表記の仕方もあります。これは、決して間違っているものではありません。

　別居の場合は夫婦をつなぐ横線に一本の斜線を加えます。離婚している場合は二本の斜線です。離婚後、同じ男性とよりを戻した（復縁した）場合は離婚の二重線を打ち消すように、反対に斜線を一本付け加えます。

　内縁関係（同居や未入籍あるいは事実婚）の場合は点線（破線）とし

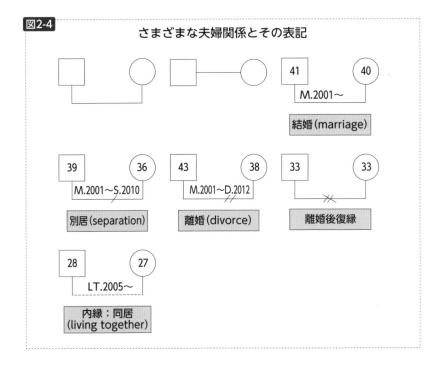

ます。

　結婚、別居、離婚の時期が分かれば、それぞれ男女をつなぐ横線の上に、結婚（M：marriage）、別居（S：separation）、離婚（D：divorce）、同居（LT：living together）といった頭文字とともに、年（月日）を加えます。

> **コメント▶年齢情報の記載**
> 　図2-5には、それぞれ年齢が入っています。
> 　夫婦の年齢が分かる（加わる）ことによって、夫婦の出会いから結婚にいたるプロセスや夫婦（家族）の歴史、夫婦のコミュニケーションのあり様や関係性、カップルとしての課題、さらには夫婦の出身家族との関係等、家族ドラマへの想像が不思議と湧いてきます。また、疑問が湧いてくるか

もしれません。

　家族を理解するうえで、誕生日や結婚・離婚の年月日や年齢情報は非常に大切なものです。できるだけ初期に確認しておきたいものです。

　また、離婚や再婚の場合、その時点での年齢を踏まえた考察とともに、別居や離婚、死別といった別れから、再婚といった家族の再構成にいたる期間の長短やその時々の子どもの年齢などからも、家族に関する考察を深めることは可能です。

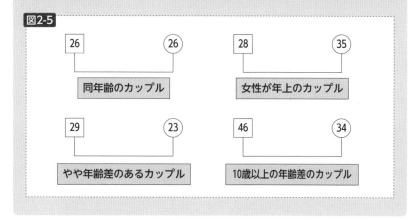

図2-5

## ❹ 子ども（親子）に関わるさまざまな表記

　子どもは夫婦をつなぐ横線から一人ずつ縦線をおろし、□（男）や○（女）を作成していきます。年齢順に、左（年長）から右（年少）へ記載していくのが基本です（第一子が左端、末子が右端です）（図2-6）。

　その他にもさまざまな表記があります。多胎児の記載は夫婦をつなぐ横線の一か所から子どもの数だけ実線をおろし、それぞれの子ども（□や○）とつなぎます。一卵性双生児の場合は、子ども同士も横線でつなぎます。養子もしくは里子は点線で表します。妊娠中の場合は少し小さな三角、死産は性別に応じて小さめの□や○の中に×を重ねます。流産は小さな●、人工妊娠中絶は小さな×にします（図2-7）。

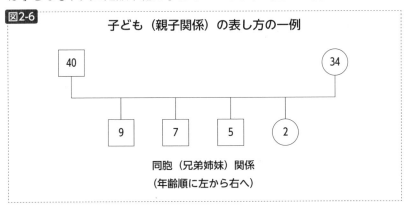

図2-6　子ども（親子関係）の表し方の一例

同胞（兄弟姉妹）関係
（年齢順に左から右へ）

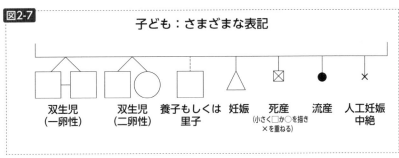

図2-7　子ども：さまざまな表記

双生児（一卵性）／双生児（二卵性）／養子もしくは里子／妊娠／死産（小さく□か○を描き×を重ねる）／流産／人工妊娠中絶

## ■ 義理の関係が生じる家族

　「ステップファミリー」と呼ばれる「義理の関係が生じる家族」の形態はさまざまですが、大きく次の三パターンに分けることができます。父親の再婚、母親の再婚、そして、父母それぞれの再婚というものです（図2-8、図2-9、図2-10）。

　なお、離婚を表す斜めの二重線は、原則として子どもを引き取らなかった親の近くに加えます。

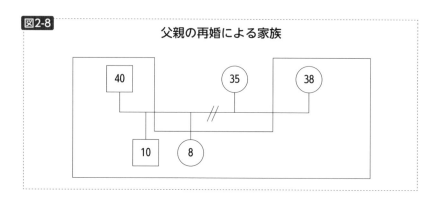

図2-8　父親の再婚による家族

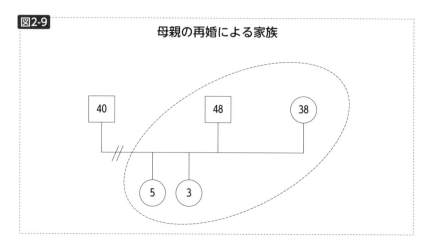

図2-9　母親の再婚による家族

## 父母それぞれの再婚による家族

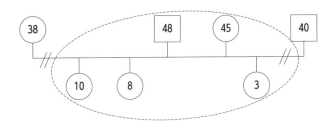

### コメント ▶ 同居家族

　一緒に暮らしているメンバーを線で囲みます。実線、点線、いずれでも構いませんが、見やすさを考慮することが大切です。

　父母が離婚結婚を繰り返している場合などでは、子どもの記載が年齢順にならないとか、男女の左右が逆になるといったことがよく見受けられます。見やすさと分かりやすさを優先すればよいでしょう。

　なお、結婚・離婚・再婚などの年月日が分かれば、その情報を加えることが大切です。時間の流れの中で家族の変遷を理解することができるからです。男女それぞれの対人関係の特徴がイメージできるかもしれません。

　子どもがいる場合には、親の離婚や再婚の時期と子どもの年齢を重ねて考えることによって、その時々の家族構成員が抱える課題やストレスなどについても推察できるでしょう。また、作成に困るような複雑なジェノグラムは、家族関係そのものが複雑であると考えることができます。

## ■ 複雑な婚姻関係の表記

次のジェノグラム（図2-11）をご覧ください。

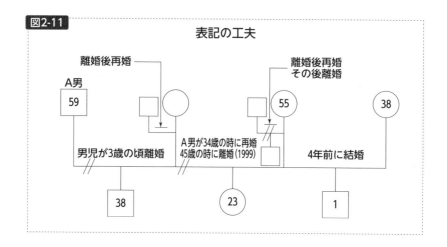

○ジェノグラム解説

　A男さん（59歳）は20歳の頃に結婚しました。男児が生まれましたが、その子が3歳の頃に離婚しました。男児は実母が引き取りました。男児の実母はその後再婚したとのことです。

　さらに、A男さんは34歳の頃、4歳年下の女性と再婚しました。その2年後女児が生まれています。再婚から11年後、再び離婚しました。女児は女性が引き取っています。女性は離婚後まもなく再婚し、男児が生まれましたが、約10年後に離婚しています。

　A男さんは、今から4年前に21歳年下の女性と再々婚しました。二人の間には、1歳になる男児がいます。

○表記の工夫：ポイント

　男女双方が離婚結婚を繰り返している場合など、表記に悩むことがあ

ります。その際、工夫しているのが、縦軸をうまく利用することです。具体的には、男女それぞれからおろす線（縦の線）を長めに引くことです。A男さんのジェノグラムの場合は、再婚相手の女性や再々婚相手の女性の結婚（離婚）に関わるジェノグラムの記載です。

# 第2節　時代を反映した記号の紹介

第1節では、表記の基本を紹介しました。家族の変化に伴い、時代状況を反映したさまざまな表記が工夫され活用されています。家族理解のうえで、役に立つのではないかと思われる表記を紹介します。

## ❶ ペット

ペットを家族メンバーと考え、暮らしている家族があります。ペットの存在が重要な意味をもっていることがあるので、ペットもジェノグラムに登場させるという観点から、例を紹介します（図2−12）。ペットは◇で表し、◇の中に種類やニックネームなどを記入します。

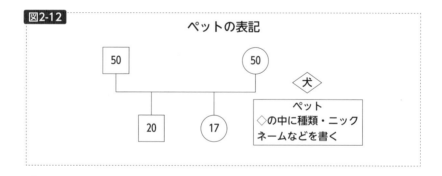

図2-12　ペットの表記

## ❷ 単身赴任

日本では、単身赴任という状態が見られることが少なくありません。単身赴任は夫婦をつなぐ横線に、斜めの点線（破線）を一本加える表記を提案しています（図2−13）。例えば、夫（父親）が単身赴任の場合は、

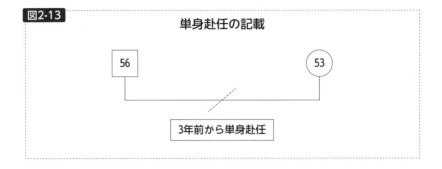

図2-13 単身赴任の記載

夫(父親)の物理的(心理的)不在という意味で、夫婦関係や家族関係に大きな影響を与える場合があります。

## ❸ 人工授精など

　何らかの事情により、配偶者間や、非配偶者間で行われる人工授精があります。例えば、図2-14は精子提供者を小さな□とし、精子提供者と女性、また、男児をつなぐ線は、それぞれ破線を使うという表記ができるでしょう。

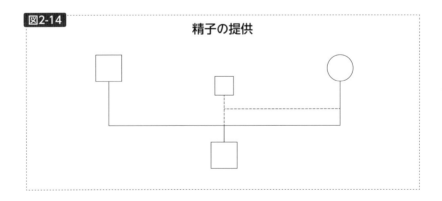

図2-14 精子の提供

図2-15は、妻に代わり、第三者の女性から卵子の提供を受けた場合のジェノグラムになります。この場合、卵子提供者を小さな○とします。図のジェノグラムは、夫の精子と第三者の女性との受精卵を妻に移植し、妻が男児を出産した事例です。

　紹介した以外にも、配偶者間人工授精や代理母による出産など、家族の多様化は進んでいますので、ジェノグラムの表記もさまざまな工夫が求められます。しかし、あまり細分化してしまうと、「分かりづらい」ということにもなりかねませんので配慮が必要です。

　現代の家族の変化とともに、ジェノグラムの表記も課題になっていると考えることができるでしょう。

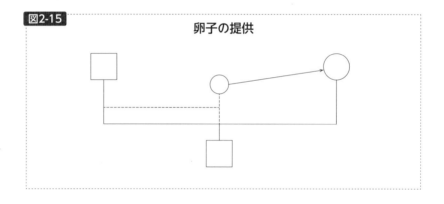

図2-15　卵子の提供

# 第3節 マッピング技法の展開

　ジェノグラムは家族模様を視覚的に理解できるツールです。視覚的な理解や支援につながるものとして、ファミリーマップやエコマップがあります。第3節では、表記の一例を紹介します。

## ❶ ファミリーマップ

　ジェノグラム上に相互の関係を表す記号を加える場合があります。家族内の距離感や感情を記号として表すことにより、より立体的に理解することができるようになります。

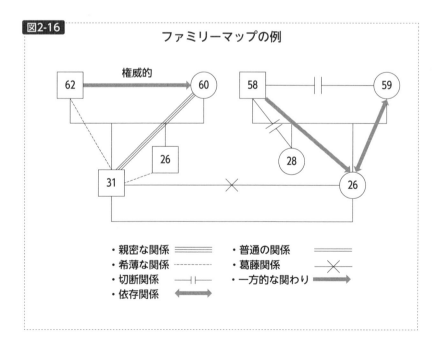

図2-16　ファミリーマップの例

例えば、親密な関係は二〜三本線や太い線、普通の関係は一〜二本線、薄い関係は一本線や点線などです。また、葛藤や切断、権威や依存関係なども矢印の向きを加えることによって表すことができます（図2-16）。

## ❷ エコマップ

エコマップは、家族を取り巻く社会資源との関係性を目で見える形で表すものです。エコマップを作成することにより、関係機関の役割やネットワークを組んでいくうえでの手がかりになります。エコマップの記号は、ファミリーマップの記号に準じています。

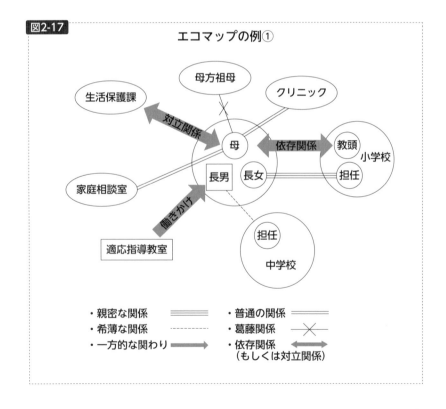

図2-17　エコマップの例①

エコマップの例としては、家族を中心に置いて円で囲み、その周りにつながりのある人や関係機関を置く場合（図2-17）と、ジェノグラムを元に家族と関わっている人や関係機関を置いていく描き方（図2-18）があります。

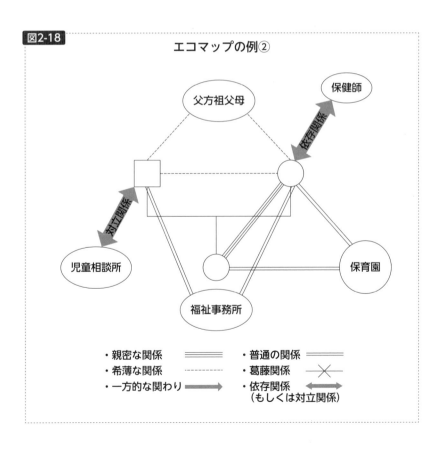

## Column 1

# ちびまる子ちゃん一家、コボちゃん一家のジェノグラムを読み解く

　以下のジェノグラムはちびまる子ちゃんとコボちゃん一家のジェノグラムです。いずれもジェノグラムの中に年齢の記載のあるメンバーが同居しています。

　ちびまる子ちゃんの一家は父方祖父母との同居家族、コボちゃん一家は母方祖父母との同居家族です。コボちゃん一家は田畑家であり、コボちゃんの父は結婚により、山川家の入り婿となったのではありません。

　ちなみに、サザエさんの一家も三世代同居家族です。三世代同居家族は話題提供に困らないということでしょうか？

　さて、ちびまる子ちゃん一家のジェノグラム（図2-19）から、どのようなことに関心が向きましたか？

　父は次男ですが、両親と同居していることは特徴かもしれません。同居に関するすみれさんの思いはどのような感じだったのでしょうか？

　夫婦は同年齢・同世代同士の結婚です。夫婦の価値観や考え方には共通するものがあるかもしれないだけに、同居の決定に関してのプロセス（話し合い）については、とても興味があるところです。

　夫婦関係、姉妹関係には大きな課題は見当たらないかもしれません。しいて言えば、第一子と第二子であることによる両親や祖父母からの心理的距離感が生じるかもしれないといったところでしょうか。

　コボちゃん一家のジェノグラム（図2-20）からはどんなことが思い浮かびましたか？

　父方の情報がほとんどありません。父方母方いずれかの情報がまったくないというのはよく経験することです。多くは、日頃の交流の量と情報量とが比例しています。

図2-19 ちびまる子ちゃん一家

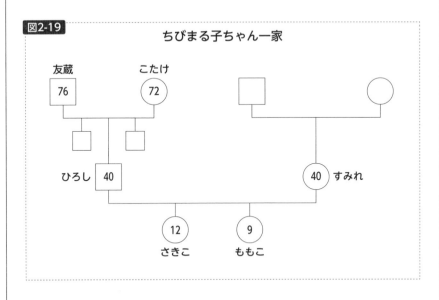

図2-20 コボちゃん一家

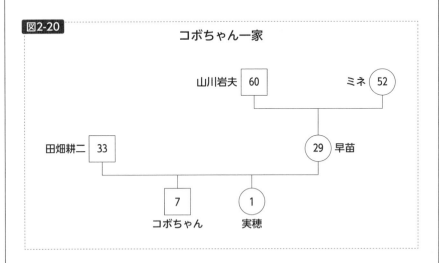

耕二さんは名前から、第二子、あるいは次男であることが予想されます。ちびまる子ちゃんの父と同じポジションかもしれません。
　しかし、耕二さんは妻の両親と同居しています。ここには何らかの事情やわけがあるようです。早苗さんはいつまでも娘ポジションで過ごせるかもしれませんね。祖父母も若くてまだまだ元気な年齢ですので、耕二さんの心境（家庭における居心地など）には関心が向きます。
　妻の両親との同居に関して、手がかりになるのは、早苗さんの初産の年齢でしょうか？　早苗さんは21〜22歳頃に妊娠、出産しています。母方の全面的な協力が必要だったのかもしれません。また、全面的な協力ができる実家なのかもしれません。ミネさんも22〜23歳で出産していますから、20代前半の結婚や初産は母方家族にとっては普通のことかもしれませんね。
　コボちゃんと妹は年齢が開いていますので、子どもたちはそれぞれ、一人っ子のような感覚で育つかもしれません。また、コボちゃんは兄として妹の世話を焼くこともあるでしょうが、親の役割の代わりを担うことも考えられます。子ども同士の関係がどのようになっていくのかは関心があるところです。

# 第3章
# ジェノグラム活用のための家族理解

第1節　家族システムという考え方
第2節　家族理解への三つのキーワードを面接に活かす
第3節　三つのキーワードを念頭にたずねる

《Column②》
日本人に見られる名前の伝承
(レギュラーとイレギュラー)

# 第1節　家族システムという考え方

　家族を一つの生命体（システム）と考えることにより、家族メンバーの課題や問題も家族全体との関連の中で考えることができるようになります。

　例えば、ある子どもに何らかの問題行動が見られたとして、子どもだけを焦点づけて考えるのではなく、家族全体のシステムに課題や特徴があるのではと考えます。日常生活においても、ある特定の家族メンバーの変化は家族全体に影響しますし、家族全体の変化が特定の家族メンバーに影響することはよく経験することです。

##  家族をとらえるときの視点
「円環的思考」を心がける

　なんらかの出来事（「結果」）が生じると「原因」を考えます。これを直線的思考と言います。この考え方にたつと「結果」をもたらした「原因」は悪者となり、原因の改善や変化なくしては解決が起こらないということになります（図3-1）。

　ところで、家族は全体として一つのシステムとして考えることができます。さらに、それぞれの家族メンバーはお互いに影響しあっています。相互に影響しあっていると考えるとお互いが原因になったり結果になったりするのです。これを円環的思考と言います。

　家族メンバーに生じた問題を考える際にも、直線的思考（原因→結果）ではなく、お互いに影響しあっている関係ですので、円環的思考で考えます。問題が解決しない（持続している）というのは悪循環（パターン）に陥っているのです。

　例えば、夫婦間の不和や葛藤という状況については、どちらか一方が

悪い(直線的思考)と考えるのではなく、夫婦お互いがつくり上げているのではないか(悪循環の繰り返し)と考えます。

図3-2は教育熱心な母親と子育てに無関心な父親の間で起こっている悪循環の例を示しています。

家族をシステムと考えると、原因や悪者探しといった「直線的思考」ではなく、「円環的思考」に立つと、「これから何ができるか?」や「変化を生むには?」といった問題解決を導き出すことができるでしょう。

## ❷ 家族を構成する単位に着目

もう一つは、家族というシステムは、より小さな単位(システム)から構成されているということです。家族全体への視点とともに、小さな単位にも目を向けることが求められます(☞詳しくは第3章第2節を参照)。それは、夫婦(両親)、兄弟姉妹、祖父母といった単位のことです。

この小さなシステムの中で関係が生まれます。夫婦（両親）関係、きょうだい関係、母子関係、父子関係、祖父母との関係、祖母と母親との関係等です。それぞれが独立してうまく機能することもあれば、良くも悪しくも、家族全体に影響することがあります。
　ジェノグラムを作成しながら、小さな単位にも目を向け、その関係性を検討することは、家族システム全体を変えることにもつながりますので、問題解決や援助を考えるうえでは重要なことになります。

# 第2節　家族理解への三つのキーワードを面接に活かす

　第4章で紹介する「ジェノグラムを読み解く」ために参考となる、三つのキーワード「サブシステム」「世代間境界」「パワー（決定）」について説明をします。

## ❶ サブシステム

　まずは「サブシステム」です。これは、前節で紹介した家族の中の「小さな単位」のことです。そして、このサブシステムは「世代間境界」により分けられます。
　まず、家族の中心となるのは結婚によって成立する「夫婦サブシステム」です。「夫婦サブシステム」では、夫と妻の関係性やコミュニケー

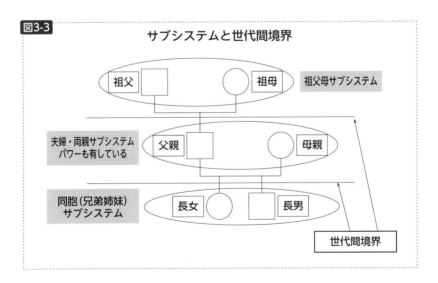

図3-3　サブシステムと世代間境界

ションのあり様などが中心になります。

　そして、子どもの誕生を通じて、「両親サブシステム」の機能も担うことになります。「両親サブシステム」においては、親役割を求められることになります。

　いずれにせよ、家族の中心となる「夫婦・両親サブシステム」のあり様が家族問題に大きな影響を与えています。ちなみに、同胞（兄弟姉妹）サブシステムや祖父母サブシステムも、「夫婦・両親サブシステム」に影響されます（図3-3）。

　ところで、一人っ子の場合は同胞（兄弟姉妹）サブシステムが成立しません。また、複数の同胞がいる場合、ときには、親の偏愛に端を発したきょうだい葛藤という関係が生じることがあります。同胞（兄弟姉妹）間の年齢や年齢差、性別、出生順位なども、「同胞（兄弟姉妹）サブシステム」に微妙な影響を与えることがあります。

　なお、祖父母サブシステムは、「老年夫婦」としての関係になります（☞ジェノグラムを読み解く際の視点は第4章第2節⑤を参照）。

## ❷ 世代間境界

　それぞれのサブシステムの間には、「世代間境界」が存在すると述べました。「世代間境界」とは、各サブシステム間を分けるものといったものです。そもそも、「境界」は目に見えるものではありませんが、「あいまい」「適切」「硬い」と表現することがあります。

　「あいまい」というのはルーズといったイメージでしょう。各サブシステム間の境界があいまいだと、問題が生じやすかったり、問題解決に時間を要してしまうことが多くなります。「硬い」というのはコミュニケーションややりとりがまったくないといったイメージです。

　世代間境界やサブシステムの課題は世代を超えて繰り返される可能性

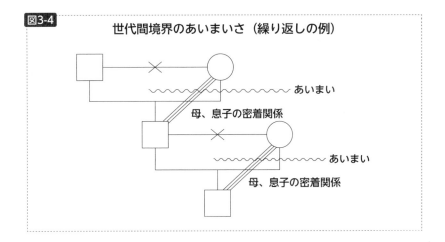

図3-4 世代間境界のあいまいさ（繰り返しの例）

があります。例えば、図3-4は夫と夫の実母の密着と、妻とその息子の密着といったケースです。背景には、夫婦・両親サブシステムの弱さが見られることになります。

　家族を単位として考えてみると、家族の内と外にも「境界」が存在します。児童虐待や高齢者虐待などは、家庭という密室の中（空間）で起こる出来事であり、孤立している家族ゆえんの課題ですが、内と外との境界が硬すぎるのかもしれません。

　一方で、伝統的な日本の家屋には、内と外とをつなぐ「縁側」があったり、「のれん」「ふすま」のような適度な境界が設けられていました。それは日本人の知恵なのかもしれません。

## ③ パワー（決定）

　パワーには、「権威」「決定」「支配」「管理」などの意味があります。家族の中にも、「権威」「決定」「支配」「管理」面でその役割を担っている人が存在します。そこで、相談面接場面では、「誰が決めているのか？」

「仕切っているのか？」「どのように決まったのか？」を問いかけ、家族の中のパワー（決定）に注目してみるのです。

もちろん、日常生活場面では、お金（経済）を掌握しているのは実質的な権威者です。お金の流れに注目してみることも必要です。

家族によって「決定」のパターンは異なります。決まり方にも家族の特徴が見え隠れします。「亭主関白」「かかあ天下」と言われたりしますが、その家族がうまくいっていれば問題視する必要はありません。

家族の「決定」のパターンと問題解決は相似形になっていますので、ジェノグラムを作成しながら、特に「決定」に注目してみることで、家族の理解が深まっていくことでしょう。

## ■「決定」をキーワードにたずねる

人生の大きな岐路にはかならず決定があります。決定は選択と言い換えることができます。

進路や職業選択などにおいて、家族の「決定の仕方」をたずねてみることによって、家族が直面する課題にどのように対応するかといった取り組み方（問題解決パターン）や家族のコミュニケーションパターンなどをうかがい知ることができます。

例えば、大学の進学先や就職先について、育った家庭からずいぶん遠方を選ぶ場合があります。「親元から距離を取りたかった」「親から離れたかった」という理由が背景に存在していることがあります。家族の関係をアセスメントするうえで、「決定」を意識しながら、具体的に物理的距離感や心理的距離感について、さまざまな角度からたずねてみることが大切です。

職業選択も、どのような職種を選ぶか、どのような場所（勤務地）になるか？ 等々、育った家庭との関係はもちろんのこと、現在の家族の暮らしとも無縁ではありません。

例えば、医師や看護師、教師や保育士、福祉関係といった援助職を選択する場合、親の影響だけでなく、同胞（兄弟姉妹）の影響を受けている場合があります。親の職業だけは選ばなかったという場合も、親の影響を受けていると言ってよいでしょう。

　また、「実家の両親との同居」「転居（住居の選択）」「相談にいたる経過」等が話題になった際にも、「決定」だけでなく、「境界」「サブシステム」を念頭において、丁寧な質問を繰り返すことによって、家族（家族メンバー）の理解を深めていくことができるでしょう。

# 第3節 三つのキーワードを念頭にたずねる

「サブシステム」「世代間境界」「パワー（決定）」のキーワードを踏まえて、相談面接での問いかけの例を紹介します。

## ❶ 命名（名づけ）の話題から家族を理解する

初回面接の場合、家族の名前（命名）について話題を広げることができます。命名のいきさつ（決定）や命名にまつわる思いを教えてもらうのです。家族メンバーの命名を話題にするというのは、家族とのジョイニング（関係づくり）であり、「家族の決定」（家族システム）や関係の理解にもつながるものになります。

父母だけでなく、祖父母など（拡大家族）の存在や関係性に関する情報も手に入れることができます。

具体的には、
「○○って素敵な名前ですね」
「名づけられたのは（どなたですか）？」
「どのような思いが込められていますか（命名の由来は）？」

また、「おじいちゃんやおばあちゃんはそのお名前をどのように思っておられますか？」といった質問も可能でしょう。

そして、話の中で出てきた登場人物（祖父母、親戚等）のことをたずねていくのです。家族それぞれの名前（命名）を丁寧にたどり、登場人物まで話題を広げていくことによってジェノグラムが作成できます。

「＊＊の一字をもらっています」という場合は、「＊＊さん」のことについて、確かめることも可能です。

命名から家族のドラマを丁寧にたどることもできます。名前の話題から出産前後のエピソードや家族を支える資源の有無など、思いもかけない話題に展開することもあります。父母の実家の協力の有無を確かめることができれば、それも大切な情報につながります。
「どこで出産されましたか？（出産前後、実家に戻られましたか？）」
「協力してもらった人は？（特に二人目以上の場合、出産前後の兄姉の養育をどのようにしていたのかを確認してもよいでしょう）」
　さらには、
「お盆やお正月、お里帰りは？」
「おじいちゃんおばあちゃんは△△君のことをどんなふうに思っていますか？（祖父母について確認）」、反対に「△△君はおじいちゃんおばあちゃんのことをどんなふうに思っていますか？（祖父母について確認）」
　これらのやりとり（質問）から出身家族（実家）の情報の把握、関係等の理解にもつながります。
　近年は離婚率が高くなり、再婚家庭に出会うことが多くなりました。しかし、初対面の相手（保護者）に対して、いきなり、離婚・再婚の有無やその歴史をたずねるわけにはいきません。命名の話題から、第一子は前夫との間の子ども（前夫が命名）、第二子は現在の両親の子どもといった話題が出たことがあります。ただし、命名の話題を慎重に扱ったほうがよい場合もありますので、家族構成（年齢など）全体を把握したうえで問いかけてみることが必要です。
　稀に、戸籍で使っている漢字とは違う漢字を使っているケースがあります。何らかの事情があって変更しているので、その事情や「漢字の変更に伴う決定」にまつわるエピソードを確かめることができれば、さらに家族の理解が深まることでしょう。

## ■ 名前（漢字）の意味から

　子どもの名前に意味を込めている場合を考えてみましょう。

　「難産で生まれただけに、子どもの顔を見たときのうれしかった気持ちを忘れないようにと《歓喜》とつけました」「優しい子に育ってもらいたいので、《優》の一字が入っています」等、名前には意味や思いが込められていることがあります。出産前後のエピソードや子どもへの期待等々、「子どもに対する思い」について、話題を広げることができます。もちろん、家族の見立てにもつながります。


## ■ 日本の男性の場合

　キラキラネームが流行る時代とはいえ、男性の場合、名前に漢数字がつく場合をよく見かけます。ちなみに、私は"一男"です。

　「一」がつく名前（例：「一郎」）や「太郎」などは、「長男」「最初の男の子」ということが名前から自然にうかがわれます。それは、単に順番を表すだけでなく、暗黙に長男役割や、最初の男の子ということで跡継ぎを期待されている場合があります。同じように、「二」や「次」がつく名前（例：「二郎」「次郎」）は次男を表しています。長男は太郎、次男は次郎という場合、生まれた時点からそれぞれ長男・次男役割を期待されているのかもしれません。

　また、男の子には先祖代々引き継がれている漢字が使用されていることもあります。「剛」「健」「夢」「愛」を始め、漢字に込められた意味が子どもたちに期待されているということもよくあることです。

## 日本人に見られる名前の伝承
（レギュラーとイレギュラー）

　図3-5のA家の場合、男性は「太郎」「次郎」と続いています。三男の場合、「三」が使われることもあります。しかし、A家の場合、三男はそのパターンとはなぜか異なっています。家の後継役という役割や期待は少なかったのかもしれません。また、末子ということが何らかの影響を与えたのかもしれません。

　図3-6のB家の場合、「長男」「次男」という同胞位置につながる（表す）

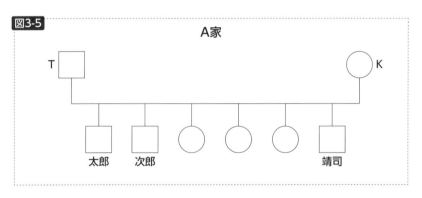

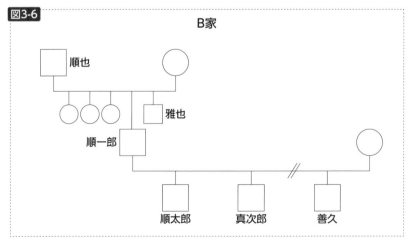

「一」「太郎・次郎」だけではなく、名前（漢字）の一字が継承されており、少なくとも三世代にわたっているということも興味深いものです。しかし、三男はそのパターンを受け継いでいません。彼が生まれる前に夫婦が離婚したことが大きく影響したようです。

## ❷ 三世代同居家族への問いかけ

　三世代同居の場合、親の年齢にもよりますが、パワーが大きな課題になります。祖父から父親へ、祖母から母親へといったパワーの委譲も含まれています。
　男性は世帯主に代表される権威・権力的な側面が強いとすれば、女性は家計や日常生活に関わることが中心になります。また、男性は社会的・形式的な側面、女性は実質的な側面と言えるかもしれません。
　そして、この委譲が円滑になされない場合、家族関係や機能が複雑になり、葛藤が生じやすくなります。
　さらに、毎日の暮らしの中では、祖父母・両親・子どもの各世代の世代間境界の問題が生まれる場合もあります。
　例えば、三世代同居で、祖父母が元気な場合、家事育児の分担や協力をどのように求めるのかという課題に両親が直面することは少なくありません。「何をどのように協力してもらうのか」についての内容だけではなく、「決定の仕方」や「世代間境界」もテーマになります。初孫を祖父母が可愛がって、祖父母の部屋で寝かしつけていたというエピソードはよく見聞きします。
　三世代同居家族の関係を確認するうえでは、日常生活場面での家族メンバーの具体的な動きや暮らしぶりを丁寧にたどりましょう。間取りや食事場面などを再現してもらうこともできます。
　祖父母が父方の場合、「嫁姑」の問題が背景に潜んでいても不思議ではありません。「わが家は特に問題ありません。いいお嫁さんです」といった祖母の言葉の中に、何らかのメッセージが込められている場合があります。
　三世代（祖父母との）同居にいたる「歴史」や「決定」に関して、確認することは重要です。「いつから同居ですか？」「お二人が結婚される

ときから同居でしたか？」「同居はどのように決まりましたか？」という問いかけです。

また、家族お互いの呼び方にも特徴が現れている場合があります。些細なことかもしれませんが、家族お互いの呼び方を確認してもいいでしょう。

祖父母が母方の場合、二人の結婚に伴って、男性（夫）が女性（妻）の家族に入った（婿養子）という場合があります。あるいは、姓（名字）は男性（夫）のほうだが、女性（妻）の家族と同居という場合もあります。

いずれにしても、同居の時期や経過に関わる「決定」に関心をもちましょう。その家族なりの何らかの物語（事情やわけ）がありますから、確認したいものです。

妻の両親との同居の場合、夫が妻の両親との関係をどのように受けとめたり、行動しているかといった点や、妻の役割（子どもに対する母親役割よりも娘ポジションになりがち）についても確かめたいものです。

祖父あるいは祖母とのみ同居の場合、もう一方の祖父母の確認（死別？　離別？　その時期など）とともに、同居にいたる時期や経過（決定）も確認したいものです。祖父母のいずれかと同居ということは、祖父母サブシステムが成立していないことになるので、そのことが家族全体の関係に何らかの影響を与えている場合があります。

子どもの相談の場合、初歩的なことですが、父方、母方の祖父母についても、確認しておきたいものです。

# 第4章
# ジェノグラムを読み解く

第1節　ジェノグラムが示唆するもの
第2節　ジェノグラムを用いた家族理解の道筋

《Column③》
名字（姓）の変更

《Column④》
お家騒動

# 第1節　ジェノグラムが示唆するもの

　第1章でも触れましたが、心理職にとって心理検査が重要なツールであるように、相談援助職のアセスメントツールにジェノグラムがあります。

## ❶ あらゆる対人援助職が使える共通のツール

　相談援助や対人援助領域において、家族の見立てやアセスメントを行う際、ややもすれば、各担当者の個人的な家族観や価値観、あるいは個人の家族体験がベースになりがちです。アセスメントのベースをバラバラにすることなく、共通の指標として利用できるのがジェノグラムです。多様な対人援助現場だからこそ、家族を見立て、手だてを考えるうえで共通のツールとして役に立つのです。

　そして、心理検査が個人の理解や援助につながるものとすれば、ジェノグラムは家族の理解と援助につながるものです。さらに言えば、家族の中の個人の理解にもつながるものです。ジェノグラムは家族情報を総合的に記載（作成）するツールであるだけでなく、理解や援助につなげるという意味で奥深いツールなのです。

## ❷ 大切なのは「興味」「想像力」「疑問」

### ■ 家族理解、援助プランへのプロセス

　ジェノグラムを通して家族理解を深め、援助プランを考えるときの一般的なプロセスを紹介します。

① 家族に興味をもち、家族情報を正確に把握すること。

家族に対する積極的な興味や関心があると、さまざまなことをたずねてみたくなります。相手の話（言葉）に寄り添いながら、「～というと…」と続けてみるのです。「～と言われましたが…」「もう少し教えてもらえますか？」といった問いかけも可能であり、このような問いかけはジグソーパズルを一つひとつはめ込んでいく作業に似ています。家族の歴史を丁寧にたどっていくことこそ、家族情報を正確に把握することにつながります。

② 家族情報から家族に起こる出来事に思いを巡らせる（想像する）とともに、疑問点を抽出すること。

家族情報を正確に把握するとはいえ、家族に関わるすべての情報を完璧に把握、掌握できるわけではありません。限られた情報から、家族が直面する可能性をまずは思い浮かべること（想像力）が必要です。想像力と相談援助力は大きくつながっています。

例えば、三世代同居家族と聞いて思い浮かべることがあります。一般的なことがらを想像してみるのです。

「祖父母は父方か母方か？」「同居はいつからなのか？」「家の大きさは？」「家計の分担や負担は？」等々、質問として準備しておくのです。

さらには、「三世代同居」で一般的に生じる可能性が高い出来事や課題についても思いを巡らして（想像し）、これらを質問の引き出しに入れておくのです。

③ 家族が直面すると思われる課題を考え、支援や介入プランを思い浮かべる（創造する）こと。

前章で述べた「円環的思考」や「三つのキーワード（第3章第2節のサブシステム、世代間境界、パワー（決定））」も参考に、小さな変化から始めてみることです。そのための具体的なアイディアやプランをつくり出すことです。

## ■■「不思議センサー」の活性化

　「不思議センサー」は造語です。「なぜ？」「どうして？」「不思議だなぁ？」という感覚であり、これも想像力です。この感覚を活性化させるには、「普通」とか「一般的」な感覚が身についていることが重要になります。

　私たちのまわりでは、「普通」「平均」や「一般的」「常識的」ということが存在します。例えば、「結婚年齢」「出産時の親の年齢」とか、「世帯当たりの子どもの数」といったものです。

　ただし、「普通」とか「一般的に」と言っても、対人援助の現場や地域によって異なる場合もあるでしょう。

　例えば、相談の申し込みや来談が父親からあった場合を考えてみましょう。通常（多くは）、母親からの申し込みや来談に対応しているという現場であれば、「どうして父親（男性）が？」と「不思議センサー」を働かせるのです。それは、面接での問いかけに直結します。また、たずねるタイミングを外さないことにもなります。

　「不思議センサー」というのは、少数派の選択（イレギュラーさ：普通ではない選択）について、想像力を働かせることなのです。少数派の選択には、その家族なりの「事情」や「理由」、あるいは、家族固有の特徴や事情、課題が大なり小なり含まれています。そして、「事情」や「理由」は「ストレス」や「負担」につながる場合があります。

　だからこそ、家族が抱えている「事情」や「理由」を理解することから援助は始まるのです。家族の特殊性や「事情」をネガティブにのみ考えるのではなく、そのような特殊な状況や課題（ストレス）を抱えながら暮らしを続けていることに理解の目を向けることも重要になります。

　例えば、夫婦の年齢差や子ども同士の年齢差に気づいたら、次のような質問をすることによって、その家族の事情の理解が深まるかもしれません。

「ご夫婦の年齢がずいぶん離れていますね?」
「お子さんの年齢が離れていますね?」

　想像力が働き、「不思議センサー」が機能すると、自ずと疑問が湧いてきますので、タイミングを外さず、たずねてみるのが一番です。

　なお、「一般的には…」「普通は…」の指標として、次節の「家族の発達段階」を視野に入れておくことも役に立つでしょう。

Column 3

## 名字（姓）の変更

　親の離婚、結婚による改姓など、名字が変わるという体験はとても不思議なものです。離婚・再婚ケースに出会うと、「子どもたちの名字はどのように変化しているのだろうか?」「そのことを本人はどのように思っているのか?」などといった疑問が浮かんできます。親の離婚・再婚による名字の変更は、夫婦、子どもにさまざまな影響を与えます。あるいは、影響を受けても不思議ではありません。離婚・再婚の中に潜む喪失や別れの課題とともに、生活上の具体的な変化も視野に入れて考える必要があります。

　図4-1のジェノグラムについて、あなたはどのようなことに関心をもちますか?

　4度の結婚歴がある67歳の女性の「名字（姓）はどのようになっているのか?」に強い疑問や関心が湧きませんか? それぞれ、結婚と同時に男性方に入籍していると仮定すれば、再婚のたびに名字が変わっていることになります。最初の結婚前の名字も含めると、この女性の名字は数回変わっていることになります。

図4-1

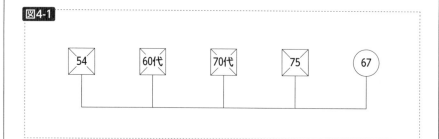

　結婚で名字が変わることについて、心理的な喪失といった人がいます。また、結婚によって、それまでの住み慣れた場所や人間関係から別れることも喪失になるとも…。離婚の場合、夫婦は合意のうえですから、それなりの心の整理ができていたとしても、子どもたちにとっては何らかの喪失体験となるのです。

　大切な家族の死、死別という情報に触れた場合は、喪失に伴う心の軌跡と現実的な動きにも疑問や関心を向けましょう。また、大切な家族の死といっても、亡くなった家族が子ども、配偶者（パートナー）、親にあたるのか、それぞれの立場にとっての思いが異なるということも容易に想像できることでしょう。それぞれの立場で、どのように受けとめたのかも確認することができればいいですね。例えば、父親（夫）の死に対して母親（妻）にたずねる際に、「どのように感じておられますか？」というのは一般的です。さらに、「お母さんからみてお子さんはお父さんの死をどのように感じておられると思いますか？」とたずねてみるのです。

　大切な人を失ったことに伴う心の軌跡とは、「喪の作業」と言われることであり、「グリーフワーク」（grief work）あるいは「モーニングワーク」（mourning work）とも言われます。

　ところで、現実的な動きでは、「法事」「納骨（遺骨の扱い）」「仏壇」「お墓」「墓参り」といったことがあります。これらは、生活の中における具体的な作業であり、心の軌跡と強い関連があります。

　結婚や離婚、再婚による転居にも関心を向けます。地域との関係や人

とのつながり（対人関係）についての特徴や課題などを考えてみるのです。

　ジェノグラムからあれこれと思いを巡らせるうえで、これらの現実的な動きは大変重要なことだと考えています。67歳の女性に関して私の中にまず浮かんだ素朴な疑問は、「死別した複数の配偶者の仏壇や位牌はどうなっているのだろうか？」ということでした。さらに、「法事や墓参りをこまめにしようとすればとても忙しいのではないか？」ということです。

　その他、さまざまな疑問が思い浮かんできます。その中で最も大きな疑問は、この女性がこれまで最も大切にしてきたこと、最優先にしたこと（あえて言えば、価値観や人生観など）は何だろう？　ということでした。みなさんはどのように思いますか？

## 第2節　ジェノグラムを用いた家族理解の道筋

　家族の理解はさまざまな視点から思いを巡らせてみることから始まります。この節では、ジェノグラムを見ながら思いを巡らせる際のポイントをいくつか紹介します。

### ❶ 家族構成

　ジェノグラムを作成したら、まずは家族構成から、家族全体の課題について思いを巡らせてみましょう。現代の家族は多様化しており、核家族、三世代同居家族（父方または母方）、実家に戻った子ども連れのひとり親、義理の親子関係が生じている家族（再婚家庭、連れ子同士の再婚など）、ひとり親の家族（離婚と再婚を繰り返している親）、内縁関係の親とその家族、それ以外の特殊な家族等、家族の形態は実にさまざまです。

　家族構成（同居家族）が分かれば、家族関係のうえで起こりうる一般的な可能性についての想像力を働かせます。担当者の経験ではこうだったからと決めつけてしまって基本的な質問や具体的な質問をパスするのではなく、とにかく、たずねてみるのです。家族は一般的な側面と個別的な側面の両面を有していますので、その家族の独自性や個別性に関しても積極的な興味をもつことにより、理解を深めたいものです。その際にも、第3章第2節で紹介した三つのキーワードが役に立ちます。

　ところで、家族が抱える課題の大小に影響するのが、年齢（世代間のギャップ）や時代背景からくる家族のスタイルや文化であったりしますので、年齢情報はやはり重要です。

## ❷ 発達段階

　子どもがいる家族を例にすると、夫婦だけの「新婚期」、第一子の出産後からの「子育て期」、子どもの成人（独立）による「熟年・高齢期」といったように、発達段階があります。
　さらに発達段階を細分化する考え方もあります。個人の発達段階同様、家族の発達段階にも特徴や課題があります。次の三つの発達段階に移行する時期は家族にとっても大きな節目になります。また、変化の節目は大きなストレスがかかる時期です。
　相談援助で出会う家族がどの時期にあたるのか、一般的にどのような課題やストレスを抱えているのかについて、思いを巡らせておくことは家族の理解に大切な視点です。


### ▮ 新婚期

　新婚期は、カップルとしての意思疎通や配偶者理解、さらには親密性をいかに築いていくかが大きなテーマになります。お互いの呼び方は「夫」であり「妻」です。そもそも他人だった二人が一緒に暮らし始めるのですから、些細なズレは当然です。しかし、そのズレが大きくなると夫婦にとって大きなストレスになり危機につながります。夫婦双方の実家との距離の取り方もストレスや課題になるかもしれません。


### ▮ 子育て期

　子育て期は、妊娠・出産から始まります。家族は夫婦二人から子どもを含めた三人になります。呼び方も「夫」「妻」だけでなく、「お父さん」「お母さん」「パパ」「ママ」になることもあります。父親・母親といった

親役割が求められる時期です。

ところで、第一子が誕生しても親としては初心者です。母親が子育ての前面に出ることが多くなりますが、育児ストレスだけでなく、家事も含めたストレスを感じる場合もあるでしょう。父親（夫）の協力具合の有無は、母親（妻）のストレスの大きさに関わる重要なポイントになります。新婚期の課題であった夫婦相互の理解や親密性の構築が、実はこの時期に改めて問われるといってもよいでしょう。

子育て期の後半、子どもは思春期の真っただ中で揺れ動きます。親も中年期や更年期を目前に控え、肉体的な変化や不安、戸惑いを感じるようになります。また、退職や第二の人生の選択といった社会的な変化の時期に差しかかると大きなストレスに見舞われます。さらに、年老いた親の介護の問題にも直面することになります。この時期、家族はさまざまなストレスに直面するのです。家族の問題解決力が大きく問われる時期です。

## 熟年・高齢期

子どもが自立・独立した後は、夫婦二人だけの時期になります。お互いに年老いた配偶者と暮らしていくという現実を目の前にしたとき、改めて、夫婦の親密性の課題に向き合うことになります。どちらかと言えば、夫（男性）に対して妻（女性）の側がストレスを感じています。

ところで、老々介護の中で起こる虐待は、妻からの積年の思いがあふれ出る場合、夫の妻への無理解から起こる不適切な対応といった場合、さらには、別居している子どもとのこれまでの関係が介護問題に影響している場合などが見られます。

家族の歴史を丁寧にたどることによって援助の入り口を探すことができるでしょう。

## ③ 歴史（時間軸）

　ジェノグラムは、現在の家族構成や家族情報を図にしたものです。結婚、出産、転居、進学や就職、別離や喪失など、家族はさまざまな出来事を経験し、歴史を重ねながら、家族として発達していきます。さまざまな出来事を通して、家族の歴史（ヒストリー）がつくられており、それは、家族あるいは家族の個々のメンバーの物語（ストーリー）でもあるのです。これらは、ジェノグラム上に表現されませんが、ジェノグラムを眺めていると、家族の歴史に思いを巡らせることができます。

　ところで、家族は予想外の出来事に遭遇することがあります。例えば、大切な家族メンバーとの別れ（離別・死別）は家族にとっても大きな出来事であり、ストレスになります。また、結婚や離婚を繰り返している家族の場合、親・子それぞれに、さまざまなストレスや不安（不安定感）を抱えていても不思議ではありません。

　結婚・離婚により家族メンバーの変更が繰り返されているといった複雑な家族関係の場合、現在の家族のジェノグラムだけではなく、家族の歴史や時間の流れに沿った（家族の節目ごとの）ジェノグラムを作成してみましょう。その時々の感情の流れに焦点を当てて思いを巡らせていくと、個人の理解が深まっていくことでしょう。担当者によるこの作業は個人を家族の歴史という文脈の中でとらえ直す作業なのです。

　言うまでもありませんが、家族の歴史に沿ったジェノグラムを作成するうえで、やはり年齢情報は大切ですので、早い段階で把握しておきましょう。

## ❹ 暮らし

　ジェノグラムを眺めながら、家族の日常の暮らしをイメージすることも心がけたいものです。家族メンバーそれぞれの動きを具体的な生活空間に関連づけてみることも必要です。日常の暮らしの中の具体的なエピソードの中に、家族の（関係性の）理解につながるヒントがたくさん隠されています。そして、日常の暮らしの中に潜んでいる感情にも関心を寄せ、思いを巡らせてみるのです。課題を考えてみると言ってもよいかもしれません。
　これらの作業は、個人が生活する場（環境や関係）との関連で考えるということです。

## ❺ サブシステム

　家族はサブシステム（小さな単位）から成り立っていることはすでに述べました（☞第3章第2節を参照）。もちろん、そこには関係が生まれます。夫婦、きょうだいといった横の関係、親と子、祖父母と孫といった縦の関係です。
　関係には、「濃密（近い）vs 希薄（遠い）」「良好（良い）vs 葛藤（悪い）」といった単一的な側面だけではなく、「親密だけれど葛藤」といった複雑さがうかがわれる場合もあります。また、関係のあり様については、具体的なコミュニケーションの有無やあり方といった側面から考えてみることも可能です。
　さらに、家族内の三人の関係（トライアングル）に注目することが必要な場合があります。例えば、両親とある特定の子どもといった場合です。三人の人間関係は微妙なバランスのうえで成り立っていることが多

く見受けられるからです。

## 夫婦・両親サブシステム

　男女の出会いは実にさまざまです。年齢や年齢差から、出会い（配偶者選択：決定）、夫婦の協力・協働関係の構築、親密性のあり様などについても思いを巡らせてみましょう。
　配偶者選択の中に、男女それぞれの対人関係の特徴や育った家族との関係、例えば結婚という形で、育った家から早く出たかったといったいった経過の中に親子関係の課題が含まれている場合があります。また、年齢差が著しいカップルの中には、何らかの事情が含まれている場合もあります。
　そもそも夫婦は「他人」から出発しています。一緒に暮らし始めるとさまざまな違いに気づくものです。育った家族を通して身につけた習慣や価値観など、お互いの違いについての理解が夫婦関係を築いていくうえで最初の一歩になります。同年代の夫婦はもちろんのこと、年齢差がある夫婦はなおさら、さまざまなギャップを埋めるお互いの努力が必要です。日常のコミュニケーションのあり様などに関心を向けてみることも、夫婦関係の理解には必要です。
　家族としての発達からは子どもの誕生とともに、夫婦は親役割を担うことになります。日本の場合、子育て期に入ると夫婦サブシステムより両親サブシステムが前面に出てしまうのはよくあることです。子どもの成長に合わせて、子育てを夫婦がどのように協力・分担しているかについても関心をもっておくことです。
　例えば、子育ては母親任せで仕事に没頭する父親といった家庭や、単身赴任の父親がいる家庭の場合、両親サブシステムはもちろん夫婦サブシステムも機能していないかもしれません。
　この場合、夫（父親）は物理的には存在しているが、心理的には不在

というパターンが往々にして見られます。

　最近では、国際結婚のカップルに出会うことも多くなりました。言語や風習、価値観の違いなどについて、お互いにどのように理解し合っているかが夫婦サブシステムの維持に大きな影響を与えます。

## ■ 同胞（兄弟姉妹）サブシステム

　同胞（兄弟姉妹）サブシステムの中でも、さまざまな関係や役割、期待などが生まれ育まれていきます。人数、出生順位や性別、年齢と年齢差、きょうだいの中での位置などが主なキーワードになります。これらの要素を考慮しながら、同胞（兄弟姉妹）サブシステムへの思いを巡らせます。

　例えば、一人っ子、二～三人、四人以上といった同胞（兄弟姉妹）の人数によっても、関係のあり様は異なります。また、長子（第一子）・真ん中・末子といった出生順位や性別がサブシステムのあり様や親との関係性などにも影響します。年齢や年齢差が加わり、関係性が変化する場合もあるでしょう。

　長男といっても、一人っ子の場合、男兄弟三人の長男、姉が三人で末っ子の長男など、同胞（兄弟姉妹）の中での位置はさまざまです。それぞれ、個別に思いを巡らせてみましょう。

　さらに複雑になるのが、異父・異母きょうだいという場合です。このような場合、画一的に「こうだ」と決めつけるのではなく、家族の歴史や暮らしを丁寧にたどり、関係性について思いを巡らせてみることが大切になります。

# ❻ 親子関係

　親の性別と子どもの性別が、親の子どもに対する態度や関係性に影響を与える場合があります。例えば、父親が娘を可愛がるといったものです（末っ子で長女なら、なおさらかもしれません）。

　また、親自身の同胞（兄弟姉妹）の中でのポジションが、子どもへの思いに重なってしまうこともあります。例えば、親自身が長男や長女として育った場合、わが子である長男や長女に肩入れしてしまうといった傾向や、長男や長女以外の子どもには共感しにくいといった傾向などです。

　「子どもはみんな同じように育てた」と聞くことがありますが、社会や家族の変化の中で、まったく同じということはありえないというのが実際です。親としてはすべての子どもに対して同じような関わりをしていると思っていても、子どもへの距離感や親密感がそれぞれ異なることは不思議ではなく、親自身の同胞（兄弟姉妹）関係が子どもへの関わりに何らかの影響を与えている場合があります。さらに、親自身の子ども時代に家族から受けたさまざまな感情体験が、子どもとの関わり方にも影響することがあります。例えば、長男であったがために厳しく育てられたという経験が、長男に対してより厳しく接してしまうといったパターンです。被虐待体験の繰り返し（世代間連鎖、世代間伝承）はその例と言えます。

> **コメント▶いくつかのキーワード**
> 　次のようなキーワードも知っておくとよいかもしれません。
> ・「誕生のタイミング」
> 　例：家族や社会にとって大きな節目で誕生した子どもに対して、何らかの役割や意味づけたことを期待する。

- 「同胞パターンの変化」
    例：事故や病気で幼くして亡くなった長男の役割を担う次男。「長男は跡取り」という意識が残っている場合などに生まれやすい。
- 「親代理の子」
    例：年齢差が離れている妹を親に代わって世話する姉。再婚家庭で母親の連れ子が、再婚した親の間に生まれた子ども（異父きょうだい）の世話をすることによって、自分の居場所を確保したり親の評価を得ることにエネルギーを注ぐ。親代理の子は親ポジションなので、健康な同胞（兄弟姉妹）サブシステムが構築されていないことが多々見られる。
- 「同胞偏愛」
    例：同胞（兄弟姉妹）の中で、ある特定の子どもだけを過剰に可愛がる。
- 「同胞葛藤」
    例：同胞（兄弟姉妹）間の不和や葛藤、仲の悪さ。背景として、両親の不和や葛藤があり、親が子どもを自分の味方にする結果、親の代理戦争のようになる。

## ❼ 個々の家族メンバー

　ジェノグラムは家族全体を俯瞰しやすいツールですが、家族全体を理解するだけでなく、個々の成員にも焦点づけて、思いを巡らせてみることができます。
　例えば、夫婦それぞれが育った家族（関係）を丁寧にたどることによって、個々の理解をさらに深めることができるので、三世代（以上）の家族情報はやはり重要になります。
　また、次のようなポイントに留意してみましょう。
- 家族（家庭）や親イメージ（子育て観や価値観モデルとしての親の存

在の有無)。
・愛着関係(依存と攻撃性)や対人関係の取り方。
・喪失体験や傷つき体験。

　両親の離婚や家族の死などの別離や喪失体験だけでなく、家族の内外で起こった出来事からの傷つき体験は、対人関係や生活面の困難さとして表します。また、思いがけない大きな出来事に出会ったことによる「記念日反応」と言われる感情反応を示す場合があります。例えば、大切な家族が亡くなった日が近づくと不安定になるといった場合などです。

## お家騒動

江戸時代、大名家を巡る内紛を「お家騒動」と言ったとのこと。最近では、大きな企業や著名な家族の内部争議をマスコミは「お家騒動」と呼んでいます。その多くは、相続や後継者などの課題と関連しており、「パワー（決定や支配、お金など）」継承の課題とも言えるでしょう。

### ■ ジェノグラムから考える

お家騒動その1（図4－2）の背景は、特定の子どもに対する「親の肩入れ」「偏愛」です。夫婦間の葛藤が背景にあることが多く、夫婦サブシステムの機能不全の影響を子どもサブシステムも受けてしまいます。きょうだい間での葛藤が生じてしまうのです。

図4－3のジェノグラムは図4－2のバリエーションと言えるかもしれません。異母きょうだい間の心模様は、親子の間に存在する実の関係と義理の関係が複雑に絡み合って家族のドラマが展開することになります。

これらの家族では、相続や後継に関する大きな課題が浮上してきても不思議ではありません。

図4－4のジェノグラムは、一時期、話題になった家族（企業）です。会社運営を巡って、父親と長女が対立しています。そして、父親側には長男と母親、長女側には次女、次男、三女がついていると言われています。

この家族の対立の構造を考えた場合、「親代理の役割」と「忠誠心」がキーワードになります。長女は、多忙な両親に代わって、妹弟の世話をするといった「親代理の役割」を担ってきたのではないでしょうか。そして、妹弟からすれば、世話になった長女に対して「忠誠心」が芽生

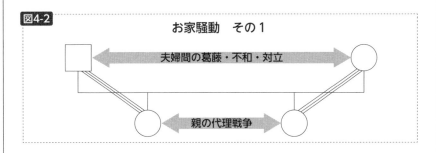

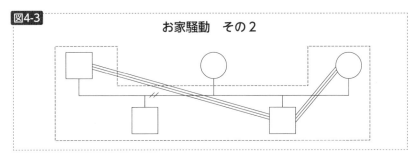

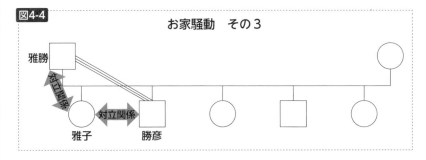

えても不思議ではないということです。お家騒動の場合、「忠誠心」もその裏側に潜むキーワードになります。

　この家族の場合、長男にも長女にも父親の名前の一字が使われていました（図は仮名です）。長男・長女に対する親からの期待が込められていたのかもしれません。また、長男・長女には、親の思いを受けた後継者としての役割意識が育まれていたのでしょう。

# 第5章
# ジェノグラムを使った面接

第1節　基本の質問事項とその展開

第2節　質問の工夫

第3節　ジェノグラム面接の実際

《事例Ⅰ》情報共有としてのジェノグラムづくり
　　　　　新婚期：若い夫婦のカップル面接
《事例Ⅱ》夫が妻への理解を深めるためのジェノグラム
　　　　　子育て初期：両親（夫婦）サブシステムが脆弱な家族
《事例Ⅲ》三世代のジェノグラムを意識する
　　　　　子育て中期：家族イメージがすれ違う夫婦
《事例Ⅳ》原家族に着目したジェノグラム
　　　　　子育て中期：離婚の相談、家庭内別居から家庭内再婚へ
《事例Ⅴ》人間関係を整理するためのジェノグラム
　　　　　子育て後期：養女となって続いた三世代家族
《事例Ⅵ》ジェノグラムを介して関係者会議を開く
　　　　　子育て後期：夫婦がお互いを見つめなおす
《事例Ⅶ》時間の流れに沿ったジェノグラムの作成
　　　　　ステップファミリー：離婚・再婚家庭の子どもへの支援
《事例Ⅷ》ホワイトボードを活用したジェノグラムの作成
　　　　　高齢者がいる家族：相続問題を解きほぐし、高齢者本人の
　　　　　思いを支援する

# 第1節　基本の質問事項とその展開

　初回の面接は誰しも緊張するものです。事前に家族情報が分かっている場合は、限られた情報の中で、これからお会いする家族について、思いを巡らせておきましょう。この章では、家族理解につながるジェノグラムの作成を視野に入れた面接展開について紹介します。

## ❶ 初回面接

　まず、「ご家族のことを教えてください」という言葉から面接を始めてみてはどうでしょうか？
　名前、続柄、年齢（生年月日）、住所などを確認することは当然のことです。亡くなっている人がいる場合、亡くなった年齢（時期）や死因なども確認しておきましょう。
　「他にご家族は？」という問いかけも、準備しておいたほうがよいかもしれません。
　また、現在同居している家族だけではなく、拡大家族（出身家族）についても関心をもっておきましょう。
　「家族情報」を記入する様式に沿って進める場合があるかもしれません。事務的に調査用紙を埋めるような質問を次から次へと展開しないようにしましょう。

## ❷ 相手の言葉を使うこと、続けること

　例えば、「今は…」という言葉から家族の紹介が始まれば、一息ついた

ところで、「今は…と言われましたが…」と続けることを忘れないようにしましょう。相手の言葉をよく聞き、その言葉をたどり、続けるのです。

面接では、家族の情報を聞き取るだけでなく、相手の話（言葉）に合わせながら（沿いながら）、家族の歴史や暮らしをイメージできる質問を心がけることが大切です。初回面接では家族理解を大切にします。

## ❸ 家族の歴史をたずねる

結婚、住居選択（親世代との同居）、子どもの誕生、転居、転校、離婚、退職などの年月日（時期）をたずねることは、家族の歴史（家族にとっての重要な節目）についての問いかけとなります。

家族はさまざまな出来事について、必ずしも、理路整然と時間の流れに沿って記憶しているわけではありません。結婚や子どもの誕生は年月日で記憶していても、転居の時期については子どもの学年にリンクさせながら語ったりします。

家族の出来事を整理するうえからも、家族の年表を作成してみることをお勧めします。結婚したときの夫婦の年齢、子どもが生まれたときの家族メンバーそれぞれの年齢などを整理することにより、家族がたどった時間の流れを追体験してみることができます。家族の歴史やドラマに思いを巡らせてみるといった側面からも、家族の年表を作成してください。

例えば、①家族の歴史と家族メンバーの動向が結びついている場合、②社会の印象的な出来事とが結びついている場合もあります。

①は母方の祖母が長女の誕生を見届けてから亡くなったという場合です。長女の誕生日から祖母の亡くなった年月が導き出されます。さらに、次のような家族のドラマが含まれているかもしれません。妊娠中の母親にとっては、実家の母の病気やそれに伴う世話と子どもの誕生と、さら

には大切な家族の死という大きな節目が重なって起きたということです。それだけに長女は特別な存在になったのかもしれません。

　②は、神戸や東北の震災の直後に生まれた子どもの生育といった例です。

## ❹ 家族の暮らしをたずねる

　家族の暮らしを念頭に、家族メンバーの動向を丁寧にたどるような質問です。家族の日常の暮らしは、衣食住に関連したことがらを中心にイメージすればよいでしょう。朝、家を出る順番、帰宅時の家族の動き、食卓の風景（食事の時間やメンバー、配置等）、部屋の使い方や間取り（寝室）等、家族の具体的な動きやエピソードの把握です。

　例えば、食卓に父親の椅子がなかった五人家族、父親と祖父の関係が悪く、いつも食事に父親が同席しなかった三世代家族、家族の父親の不在時には舅が父親の席に座っていた家族など、食卓の風景もさまざまです。

　両親（夫婦）サブシステムを見立てるうえで、「寝室」に注目する場合があります。だからと言って、いきなり、「ご夫婦の寝室は？」というわけにはいきません。子どもの相談の場合なら、子ども部屋から家の間取りを確認していくこともできます。

　中学生の長男と母親が同室（父親は別室）、中学生の長男と父親が同室で一つの寝具（母親は別室）、父親は廊下で寝ていた家族など、具体的に聞いてみると、さまざまな家族に出会いました。離婚・再婚の場合、具体的な住まいや家具等はどのようにしたのか等についても確かめてみたいものです。

　これらの具体的なエピソードを確認することによって、家族メンバーの交流やつながり、距離感が明らかになることがあります。「サブシステム」「世代間境界」「パワー（決定）」の三つのキーワードを念頭において、

家族の暮らしに目を向けることによって、家族理解を深めることもできます。もちろん、面接や会話の流れに沿って自然に質問することを忘れないように注意することが大切です。

「夫婦、親子、家族間のコミュニケーションが大切だからしっかりやってください」と助言したとして、その家族の実態に合っていなければ、役に立たない助言で終わってしまいます。役に立つ援助の第一歩は、家族の理解から始まるのです。

具体的な質問に置き換えるには、担当者自身の日常の家族の暮らしを重ね合わせて、思い巡らせてみることから始めてみるのです。ただし、担当者の家族と同じとは限りません。家族はさまざまです。出会った家族のあり方に興味をもつことが重要なのです。要は、確かめもしないうちに、決めつけないことです。だからこそ、質問という形で確認してみるのです。

また、職業を具体的に確認することで、職業選択の理由や家族メンバーの思い、そして、勤務時間や休日の家族の動きなど、多様な面から家族理解が深まり、家族内のコミュニケーションのあり方についてイメージしやすくなります。「世代間境界」や「サブシステム」をイメージしてみることです。

質問の重要なポイントは「5W1H」です。「Who（誰が）」「What（何を）」「When（いつ）」「Where（どこで）」「Why（なぜ：どんな目的で）」「How（どうやって）」を常に意識しておきましょう。さらに、「1H」をつけ足してもよいかもしれません。「How Much（いくらで）」ということですが、これは「経済（家計・費用）」や「お金の流れ」にも関心をもつということです。

# 第2節　質問の工夫

　第3章では質問や問いかけの例を紹介しましたが、ここでは「結婚」「家族の呼び名（呼び方）」「父母の同胞」をキーワードに、相談面接の初期段階における質問の工夫について紹介します。

## ❶ 結婚

　男女の出会いは実にさまざまです。家族の出発点である「出会い」を丁寧に確かめることによって、夫婦関係の理解が深まります。カップルの特徴や課題についても感じとることができるかもしれません。
　出会ったきっかけや結婚のプロセス（決定の仕方）に積極的な関心をもつことは、家族の歴史の理解という点からも大切です（もちろん、上手な質問を展開する必要があります）。また、結婚時の年齢や夫婦の年齢差も重要な情報になりますので、確かめたいものです。
　例えば、結婚についての質問を考えてみましょう。
　一般的な質問としては、「ご結婚されたのはいつですか？」「結婚は何歳のときでしたか？」「結婚されてから、何年になりますか？」「いつから、二人で暮らしておられますか？」など、いくつかの例が思い浮かびます。
　少し踏み込んだ質問なら、「ご結婚のいきさつは？」「知り合われたきっかけは？」となります。
　また、「決定」を念頭におくと、「どのようにして、結婚が決まったのですか（決められたのですか）？」「パートナー（相手の方）と出会ってから、結婚を決めるまで、どれぐらいの期間でしたか？」などが挙げられます。会話の流れ（文脈）に沿いながら、できるだけ自然な形で質問

したいものです。

　さらに、周囲の家族メンバーを巻き込んだ質問としては、「結婚（再婚）されることについてのご両親の反応はいかがでしたか？」「ご家族にはどのように話されましたか？」「結婚を決められたとき、家族の中で最初に話された（相談された）のはどなたですか？」「ごきょうだいの反応は？」など、広がっていきます。

　結婚という「決定」に対して、育った家族の反応（協力の有無や感情等）を確認することによって、これからスタートしようとしている家族が抱えるストレスや課題についての理解に近づくことができるかもしれません。

　もしも、実家の協力がない場合、さまざまなストレスを抱えながら、子育てをすることになる可能性が大きいと予想されます。また、相手が再婚で子どもがいる場合には、義理の子どもとの関係の構築といった大きな課題を抱えながら結婚生活がスタートすることになります。

　もちろん、現在の家族の状況の理解を深めることによって、今後の支援の方向性についての見立ても可能になります。

　質問に対する答えの中で、周囲の家族（の名前）が登場したら、次の展開として、名前が挙がった人たちについて聞いていきます。

　例えば、「結婚を決めた時点では、母しかいなかったので…」という答えであれば、「お父さんは？」と続けることもできますし、「…というと…」と続けることもできます。また、「お母さんはどこにお住まいですか？」と確かめることもできるかもしれません。

　ところで、結婚そのものに関しての思い（夫婦のあり様）をたずねることによって、家族や家庭イメージ（教育観）を確かめることができます。若年での結婚は、早くから「家を出たい」という気持ち（家庭に居場所がない：親への反発等）が優先している場合が多くうかがわれます。「感情的切断」と呼ばれる親子の間の心理的な断絶状態は大きなポイン

トになります。

　子どもの誕生を話題にして、親イメージ（父親・母親モデル）や愛着関係（依存と攻撃性）等についても、イメージを深めることができるかもしれません。

## ❷ 家族の呼び名（呼び方）

　家族お互いの呼び方は家庭によって異なりますので、たずねてみてもよいかもしれません。少なくとも援助者の思い込みや決めつけは要注意です。
　例えば、子どもが生まれる前の夫婦の呼び方、子どもが生まれてからの呼び方（変化の有無）、思春期や青年期に成長した子どもから親に対する呼び方などに興味をもつこともできるでしょう。
　義理の親子関係で直面する課題の一つが、義理の親の「呼び方（呼ばれ方）」です。呼び方は日常的であるだけに、実は微妙な要素を含んでいます。義理の関係が生じる再婚家庭の親子の間での呼び方については、まずは現状を確認したいものです。関係性についてのアセスメントにつながるかもしれないからです。
　子どもの年齢にもよりますが、親の再婚相手に対して、子どもから「お父さん」「お母さん」と呼びかけることはしないかもしれません。担当者が何気なく子どもの前で義理の親を「お父さん」「お母さん」と呼んでしまうと、担当者と子どもとの間に距離が生じかねません。まずは、家族の中での呼び方を確かめてみることから始めましょう。
　単なる呼び方と思われるかもしれませんが、家族の関係性や本人の心情を表している場合があるからです。

## ❸ 父母の同胞へとたどる

　ジェノグラムは三世代を視野に入れて作成することを心がけましょうと繰り返しています。第3章第3節①や第3章第3節②では、三世代家族を視野に入れた質問の例を紹介しています。さらに質問力を磨くことも重要です。
　例えば……
　父親や母親の同胞関係をたずねるには…、
「△△君は×人きょうだいですが、お父さんは（何人きょうだい）…？」
「お父さんも×人きょうだいですか？」
「□□さんは長女ですが、お母さんも（長女）…？」
「お母さんは一人っ子？」
「○○君のいとこは？」
　そして、話の中に出てきた登場人物のことを話題にしていくのです。

　男きょうだいばかりの中で育った場合、男性中心の文化や価値観を身につけていることが多いものです。反対に、全員女性という場合は、その逆です。そういった二人がカップルになった場合、お互いの理解に努力が必要になります。
　また、男きょうだいの中での唯一の女性や逆パターンといった場合、成長過程では親からだけでなく、きょうだいからもさまざまな影響を受けることになります。しかも、末子という条件が重なれば、より一層心理的な影響を受ける可能性が強くなります。
　夫婦サブシステムを考える場合、それぞれの同胞（兄弟姉妹）関係を把握し、思いを巡らせてみることも重要な要素かもしれません。

　ちなみに、子どもの相談の場合、子どもと関連させながらたずねてみ

ることもできます。
「△△さんは、今＊＊歳ですが、お母さんがちょうど同じような年の頃のご家族は（どのようでしたか）？」
「その頃、ご両親とはどのような感じ（関係）でしたか？」
「ご両親はその頃のお母さんのことをどのように思っておられたのでしょうか？」

　次に、話の中に出てきた登場人物のことを話題にしていくこともできますし、子ども本人のことも話題にできるでしょう。

# 第3節　ジェノグラム面接の実際

　この節では、家族の発達段階を視野に入れながら、ジェノグラムの使い方と家族の変化を中心に紹介します。

> **事例 I**
>
> **情報共有としてのジェノグラムづくり**
> 新婚期：若い夫婦のカップル面接

## ■ カップルとの初回面接

　結婚して3年目のカップルの相談です。流産後、妻が精神的不調を訴えるようになり、相談となりました。

　初回面接の最初に語られたことは次のような内容です。

　夫は大学卒業後、パソコン関係会社に勤務。ソフトウェアの開発やメンテナンスに関する技術職として働いています。自宅でも帰宅後や休日はパソコンに向かうことが多いとのことです。

　妻は短期大学卒業後、証券会社に就職。就職後、間もなくから交際を始めたとのことでした。結婚後も仕事は続けていましたが、約1年経っ

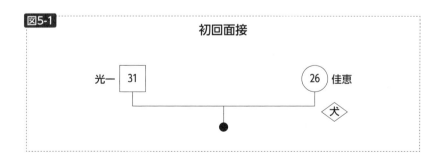

図5-1　初回面接

た頃に妊娠が分かり、退職したとのことです。しかし、退職して間もなく、流産となりました。その頃、夫の仕事が忙しくなり、長期の出張で家庭を不在にすることもたびたびあったとのことです。

　元来、控えめで無口な妻でした。流産という予想外の出来事からのショックを一人で抱え込むことになってしまったようです。

　夫婦の間では必要以外の会話はほとんどないといった暮らしが続いていることを心配した妻の姉からの紹介で相談となりました。担当者は改めて「ご家族のことを教えてください」と切り出し、初回面接を展開していきました。

## ■ 二人が育った家族をたずねる

　夫に対しては妻の育った家族、妻には夫の育った家族のことをたずねることにしました。質問の意図は、夫婦がお互いに相手の家族のことをどれぐらい知っているか、理解しているかということを確認することでした。また、配偶者の家族の理解は目の前にいる配偶者の理解にもつながります。もちろん、理解の程度はどうであれ、面接の場は情報の共有の場にもなります。

　二人の出会いのきっかけは、それぞれの友人の紹介でした。夫曰く、結婚にあこがれていた妻は数度のデートを重ねた中で結婚を決めたとのことでした。妻は北陸地方出身でしたが、結婚を機に近畿地方で暮らす夫の実家近くのマンションで暮らすことになりました。

　担当者がつくるジェノグラムを前にして、二人の出会い、結婚のいきさつから妻の育った家族について語る夫に対して、横にいる妻は何度もうなづきながら、聞いていたのが印象的でした。

　妻は夫のきょうだい関係を中心に語りました。夫は二人きょうだいの長男、妻は二人姉妹の次女でした。妻は夫の育った家族（特に両親）の情報について、あいまいに語ることが目立ちました。例えば、夫の両親

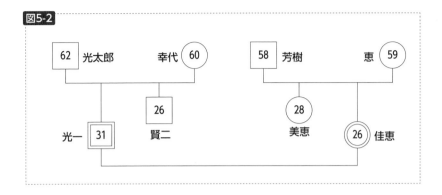

図5-2

の年齢や現状などは、何度も夫のフォローがありました。妻は困ったら、夫に視線を投げかけていました。

　担当者は二人の出会いから結婚にいたる経過や二人が育った家族についての話を聞きながら、二人に見えるようにジェノグラムを作成していきました。家族関係を視覚化したジェノグラムは改めて二人の育った家族についての情報を共有する場となりました。

　面接の前半は家族に関する情報が中心に語られました。後半は、育った家族の文化や風習、雰囲気などの地域性の違いだけでなく、夫は男きょうだいの第一子、妻は女きょうだいの第二子ということについても話題が広がっていきました。

　「お互いに異性との付き合い方があまり上手ではないかもね」と語る夫の言葉に対しうなずく妻の姿を見ていて、担当者はとても微笑ましい印象をもちました。

　さらに、夫は流産の話題にも触れました。日常生活の中で、妻が多くは語らないことや、夫自身もどのように話を聞いたらよいのか分からないまま過ごしていたというようなことが話されました。そして、夫なりの工夫が室内犬を飼うことでした。

　担当者は夫婦お互いの気持ちを語り合う場として、しばらく面接を続けることを提案したところ、二人とも積極的にうなずき、初回の面接が

終わりました。

　ジェノグラムを使った面接は単純なように考えがちですが、緊張気味のカップルにとっては、二人が対面・緊張する必要もなく、担当者を介して一つのものを共有しているといった感覚が生まれるものとなり、相互の理解を深める第一歩の時間となったのです。

## 事例 II

### 夫が妻への理解を深めるためのジェノグラム
子育て初期：両親（夫婦）サブシステムが脆弱な家族

## ■ つながり

子育て初期の両親（夫婦）サブシステムに注目すると、両親（夫婦）の年齢（年齢差）、健康、就労（経済）状況などは重要なポイントになります。もちろん、二人のコミュニケーション（つながり）のあり様は子育てにも影響があります。

また、核家族の場合、核家族を支える親族（夫婦それぞれの実家）や知人・友人といった人々のつながりも重要な点になります。例えば、交流が少なく孤立した閉じられた家族なのか、周囲とのつながりや支えがある開かれた家族なのかということです。

## ■ ジェノグラムから考える

図5-3のジェノグラムからどのようなこと（課題等）が思い浮かびますか？　情報は年齢と家族構成のみに限られていますが、さまざまな可能性（特徴や課題）や疑問点を思い浮かべることができるでしょう。

限られた情報から、家族に起こりうるいろいろな可能性や質問を考え

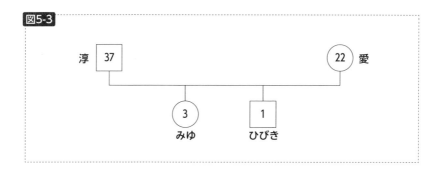

図5-3

る作業を事前に行っておくことは、相談面接場面で適切かつ自然な質問を生むことにつながっていきます。

## ■ 初回の出会いは家庭訪問

　保育園からの虐待通告(虐待の疑い)で出会うことになりました。3歳の長女に対する養育態度や発育状況が気になるとの訴えでした。

　担当者は初期情報(ジェノグラム)をもとに、家族全体の特徴(核家族)や課題(ストレスや困難さ)について、思いを巡らせて家庭訪問にのぞみました。

　まず、夫婦の年齢差から次のような関心をもちました。
「結婚のいきさつ(決定)に特徴や事情があるのではないか?」
「夫婦間の年齢差を克服しようとする夫の妻への気遣いやコミュニケーションの努力が乏しければ、妻は孤立するのではないか?」
「若い母親の子育てについて、周囲(実家や近隣)の人からの支援がなければ、母親は孤立するかもしれない」など。

　また、夫に焦点を当てて考えると、夫自身の同胞(兄弟姉妹)順位や育った家族(原家族)情報を知ることによって、行動特徴を考えることができます。そこで、夫の家族情報(三世代のジェノグラムの作成)について留意することになりました。もちろん、妻についても同じことが考えられますので、やはり三世代のジェノグラム作成に留意しました(妻の実家との関係、20歳前の結婚・妊娠の経過や理由など)。

## ■ 命名の話題から

　夫婦との面接では、まず、子どもたちの名前を誉め、命名のいきさつを聞くことから始めました。二人の出会いはインターネットを通してでした。夫婦それぞれが使っていたインターネット上のニックネームを子どもに命名したとのこと。さらに子どもの名前を話題にしていると、妻自身の話題に広がりました。

「三人姉妹の長女で、子どもの頃から、親にはよく叱られた。虐待されて育った。小学校高学年の頃には暗い表情をしていたので友達もいなかった。中学校に入り、いじめを受け、学校に行かなくなった。何とか入った高校も結局続かず中退。あまり、外に出ることはなく、携帯だけが楽しみという毎日を過ごしていた。そんなときにインターネットを介して夫と知り合った。返信メールがすぐに返ってくるのがとてもうれしかった。早く家を出たいと思っていたから、結婚しようと言われたときには、深く考えることなく受け入れた…」

　妻の出身は九州の離島です。結婚を機に関西に出てきました。夫が九州まで足を運び、数度の出会いで結婚を決めたのでした。

　結婚にいたるまでの時間があまりなく、年齢差のある二人の間で十分な意思疎通が図られていたかは疑問です。特に、夫が妻についてどの程度理解していたか、理解しようとしていたかについても疑問が残ります。

　例えば、妻は結婚をきっかけにまったく知らない土地で生活することになりました。ずいぶん不安が強かったと思われます。頼れるのは夫だけです。実際に、「言葉や風習などの違いに戸惑った。買い物などに出かけるのも億劫になった」と語っています。

　しかし、このような妻の心情に、「夫は無関心であった。支えてくれなかった」と妻は語りました。

## ■ 実家との関係：ジェノグラムを作成すると

　二人の結婚については、それぞれの両親の強い反対がありました。特に、妻の実家の反対は強硬だったようで、結婚後、妻の実家との交流はもてていないということでした。

　結婚後、間もなく妊娠が分かりましたが、結婚そのものに反対を通された経過があったので、「まったく頼れなかった。連絡もしなかった」と、妻は実家に里帰りすることなく長女を産みました。

　一方、夫の実家は結婚に反対したものの、近くに住んだ息子（夫）夫婦のことは気にしており、孫が生まれた後は何かと関わりました。

　ところで、夫は姉との二人きょうだいで、長男というポジションです。結婚前の夫は仕事を転々と変えていましたが、結婚してからは、配送業の運転手を続けています。勤務は早朝から深夜にわたっていましたので、子育ては妻に任せきりでした。

　夫は親からは大切にされて育ってきましたが、男らしさにはかけると

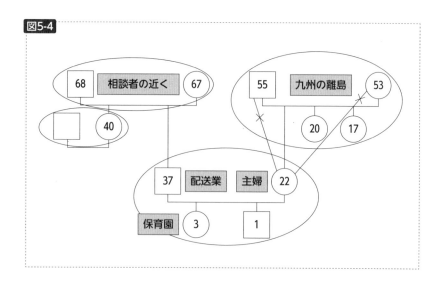

図5-4

ころがありました。恋愛中には感じなかった夫の姿を目にして、妻は落胆したとのことです。妻から見れば「非常に頼りない存在」と映りました。そのことがさらに、妻の孤立感・孤独感を強めてしまいました。

また、夫は仕事のことで精一杯であり、夫婦お互いの理解を深めていくことには関心が向かなかったようです。そもそも、対人関係があまりうまくないことは、職業選択や転職の多さからも考えられることでした。

妻の男性イメージは、良くも悪しくも実家の父親しかありません。三人姉妹であり、男性の価値観や生活スタイルといったイメージはほとんどなかったのです。さらに、一緒に暮らし始めたものの、具体的な生活スキルはほとんど身につけていませんでした。「とにかく、家を出たかった！」と話しました（図5-4）。

## ■ 援助へ

最初の家庭訪問での面接（ファーストコンタクト）で担当者は、子どもの命名から家族とつながること（ジョイニング）ができました。

妻は夫とのつながりが弱く、さらに夫の親族とも関係が悪く（父親も実家の両親との関係を適切に調整できない）、妻の親族とのつながりは希薄な中、地域にも溶け込めず、かなりの孤立感を深めていたからこそ、援助者を求めていたと考えることもできます。

こうした経緯から、長女の保育園の関係者等には「虐待する母親」という見方ではなく、「孤立している母親」という見方になることを提案。

また、担当者の呼びかけで、面接を定期的に実施することになりました。妻への理解を夫が深める機会を設定したのです。新婚期の課題としての夫婦サブシステムづくりが未熟な場合、子育て初期に持ち越すことになり、その結果、妻の孤独感が増幅してしまったようです。

夫は思うところがあったようで、仕事の都合をつけて面接に参加することとなりました。面接では、二人がお互いに感じたことや、思ってい

ることを言葉にして伝え合うということを繰り返して行うことを目標にしていきました。

事例 Ⅲ

## 三世代のジェノグラムを意識する
### 子育て中期：家族イメージがすれ違う夫婦

## ■ 不思議センサーを活性化する

　次の家族（図5−5）から、どのようなこと（課題等）が思い浮かびますか？　あなたの不思議センサーはどの点で作動しますか？

　例えば、母親の初産年齢。10代で長男を出産したことになります。ここには何らかの事情が含まれていると考えられます。

　二人が知り合ったきっかけはどうでしょう。学生時代や職場での先輩と後輩から結婚にいたったという可能性も考えられます。そもそも、結婚に対する双方の実家の思いや支援の有無は、当然、核家族に影響を与えることになります。やはり、父母の原家族やその関係（距離）についても把握しておきたいところです。

　子どもが四人すべて男の子というのも特徴です。また、父母と子どもとの関係に注目してみると、例えば、父親は男の子ばかりということを肯定的に思っているかもしれません。あるいは、特定の誰かだけを偏愛しているかもしれません。親と子の関係に関しては、親自身の出生順位が何らかの影響を与える可能性もあります。

　さらに、母親は家事や子育てに追われているのではないかということ

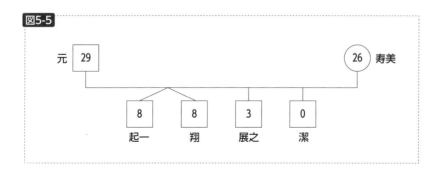

図5-5

も考えられます。家事や育児の協力の有無、経済的な側面等、核家族の場合の課題や生活上の困難（ストレス）を母親が感じていても不思議ではありません。子育て中の母親に対して、父親がどの程度サポートできているかどうかが、家族全体の安定（不安定）に大きな影響を与える可能性があると考えられます。

## ■ 三世代を意識した面接を通してジェノグラムを作成する

　父親の長男に対する過剰なしつけと母自身の育児疲れから、市の家庭相談の場で出会ったケースです。事前の予約電話の際、「できればご両親で来てください」と言われていました。
　二人は職場結婚とのこと。いわゆる、「できちゃった結婚」です。家族六人は父親の実家の近くに住んでいます。父親の父は、中学生の頃に亡くなっています。実家の話になったとき、父親から次のようなことが語られました。

「実家の父は病弱で入退院を繰り返していました。記憶の中に、親と楽しく遊んだという思い出はほとんどありません。姉が遊び相手になってくれたことがよくあるので、今でも、姉のことは頼っています。子どもとの接触は非常に少ない父でした。しかし、父親というのはそんなものだと思っていました。病弱な父に代わり、母が家庭のこと一切を切り盛りしていました。さらに、姉が母親を助けていました…」

　母方の実家は関東地方にありました。母親の母は時折、この家族を訪ねてきているとのこと。なお、母親の両親は10年ほど前に離婚しています。母親は次のようなことを語りました。
「私が小さい頃から、とても仲が悪い両親のもとで育ちました。夫婦げんかは絶えず、ときには、父から母への暴力がありました。こんな家族

は嫌だと思っていたので、早く実家を出て独り立ちしたいと住込みでの就職口を探しました。勤め始めた職場で、夫と知り合いました。とても穏やかで、優しく接してくれたのでお付き合いすることにしたのです。長男を妊娠したので結婚しましたが、結婚してみると優柔不断な姿にとてもイライラするようになったのです…」

温かい家庭をもちたいという思いは人一倍強かったと語る母親でした。母親自身が四人姉妹でしたので、子どもが多いことは自然に受け入れることができましたが、実際に男の子の子育てとなると勝手が違い、ストレスが増していったとのことです。父親の協力が少ない中で、ときには、子どもに厳しくあたるようになったのです。話の中では、父だけでなく、ときには母も、長男に対する厳しすぎる関わりがあったとのことでした。

## ▌ 課題の共有

父親にも面接への参加をうながしました。育った家族のジェノグラムを挟んで、面接を重ねることによって、お互いの理解を深めていくことを目標としたのです。ジェノグラムを見ながら、お互いの育ちの中での課題を共有することから始めようと考えました。

例えば、父親は中学時代に父を亡くしたことから父親イメージがなかっただけでなく、夫婦が協力して家庭を営んでいくというモデルも弱かったのです。一方、母親は温かい家庭を築きたいとの思いと実際のギャップ（父親の非協力や子育ての大変さ）に戸惑っていたのです。これらの点を、ジェノグラムを前にしながら、話題にしていきました。言い換えれば、夫婦サブシステムの強化のための仲立ちの役割を果たしたのがジェノグラムでした。

ところで、この家族のスタートは、いわゆる「できちゃった結婚（おめでた婚）」です。この場合、男女二人の結婚に関するさまざまな思い

より、妊娠という事実が優先して、結婚となります。結婚に対する二人の思い（「決定」）や親になる決意が弱くなりがちです。さらに、夫婦二人の期間（カップルコミュニケーションの熟成期間）が少なく、否応なく子育てモードに突入してしまいます。

　一般的に「できちゃった結婚」は、夫婦としての親密性を築いていくうえでの基礎づくり（カップルコミュニケーション）が脆弱な中で、家族としてスタートという課題を背負うことになります。夫婦関係を着実に築いていこうとするカップルの努力と、子育てに関わる夫婦間の協力が必要になるのです。

　この夫婦は数回の面接を重ねた結果、長男に対する父親の過剰な行動が見られなくなりました。母親もイライラすることが少なくなり、長男にあたることも減ったとのこと。また、父親が家庭内でよく話すようになった、笑うことが多くなったと母親が喜んで報告しました。

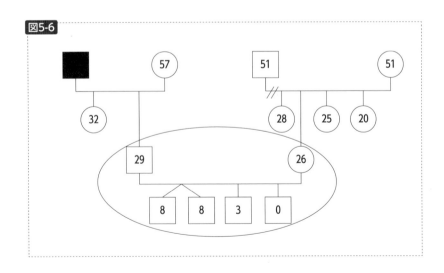

図5-6

## 原家族に着目したジェノグラム
子育て中期：離婚の相談、家庭内別居から家庭内再婚へ

### ■ 結婚までの背景

　家族のことで相談したいと大学の心理相談室にやってきた妻。相談の冒頭から、「仲人に騙されました」と話し始めたのをきっかけにジェノグラムを意識しながら、面接を進めていくことになりました。

　夫は二人兄弟の長男。夫の両親は元教師で、かなり厳しい子育てであった（虐待に近い）とのことです。夫が幼いころは、夫の祖父母が子育てを任されていたようですが、その祖父母もまたかなり厳しかったとのこと。

　「家族」というものによい印象をもっていなかった夫は、成長するにつれ、実家から出たいという思いを抱くようになっていきました。積極的に出たいと思うようになった頃に見合いの話が持ち込まれたのです。チャンス到来との思いで、見合いの話に応じたとのことです。

　結婚により母方姓（婿養子）となることが前提でしたので、夫の両親は結婚に強く反対しました。しかし、夫が強引に押し切り結婚したのでした。現在、弟夫婦が夫の両親と同居しています。

　一方、妻は、姉との二人姉妹。姉は思春期の頃から、父との関係が悪く、遠方の大学を選び、実家を出ていきました。そして、大学時代に知り合った男性と恋愛結婚、男性の実家近くで暮らしています。姉の結婚に対して、妻の両親、特に父は強く反対したとのことです。結局、大きな反抗期もなく、「素直に育った」（妻自身の言葉）妻が婿養子を迎えることになりました。

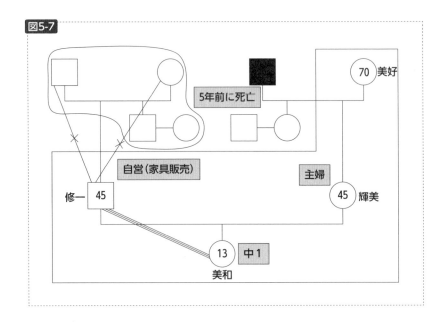

図5-7

## ■ 離婚を考える妻

　結婚後、父が経営していた家具販売業は夫が継ぎました。店は自宅から10分ほどのところにありました。そして結婚後7年ほどしてから、娘が生まれました。

　結婚当初は健在だった妻の父は、5年前に亡くなりました。また、不況の影響を受け、家具販売もうまくいかなくなっていました。もともと口数の少ない夫でしたが、さらに口数が減り、夫婦の会話はほとんどないという状況になりました。

　自宅では、店の残務整理とのことで、食事のとき以外、夫は書斎に引きこもっていました。夫の書斎へ妻は入れてもらえないのですが、一人娘の出入りは自由に許されていました。もちろん、寝室も別でした。

　妻にとっては、この先、夫と暮らすことに積極的な展望がなく、息苦しさだけが募る日々だったのです。お弁当を持って家を出てくれると「ほっとする」と強調して語りました。これからの生活を考えれば考える

ほど、「離婚」の二文字が頭に強く浮かぶようになったのです。娘には「離婚したら、あなたはお父さんと暮らしなさい」と言っているとのことです。

## ■ ジェノグラムを元に面接を繰り返す

その後の面接では、毎回、ジェノグラムを間に挟みながら、家族の歴史を丁寧にたどり直す作業を続けました。

初回の面接では思いつめたような妻の表情が、数回の面接を経て、にこやかな余裕のある表情に変わっていきました。妻が報告するエピソードからも、夫婦の関係はよい方向に変化していったことがうかがわれるようになりました。家庭内別居から家庭内再婚に変化したと言えるかもしれません。

ジェノグラムを前に、これまでのことを思い出した妻はふとつぶやきました。

「離婚したら夫はどこに行くのだろう？　結婚時のいきさつや夫の実家へのこだわりや葛藤があって、結婚後はまったく実家との往き来はないし、お盆や正月も帰ったことがない。もちろん、娘を連れて行ったこともない。口数は少ない人なので、自分の気持ちを話すことはまったくないが、本当はずいぶん寂しかったのかもしれませんね」
「夫はこれまで、よくやってきてくれたのかもしれませんね」

## ■ ジェノグラムから見えてきたこの家族の特徴

このカップルの特徴は結婚にいたる経過や配偶者選択と言えるでしょう。結婚は、夫の親から見れば長男という役割を放棄したということになります。妻は家を継ぐという役割を担ったということになります。それぞれが家族内の役割から外れた、あるいは担ったということをお互い

に理解していたかどうかは不明ですが、カップルとしての親密性を築いていくうえで、お互いの理解が不十分なまま生活を継続していたのかもしれません。理解のズレが「離婚話」につながったと言えるでしょう。

　ジェノグラムからは二人の家族の共通点もうかがわれます。夫と夫の実家との間では情緒的遮断がうかがわれますが、妻の姉と父との間にも情緒的遮断が見られます。夫婦双方の家族に共通する課題について、ジェノグラムを通して、妻が気づくことになりました。

　さらに、夫に対する妻の見方が変わった瞬間が先ほどの妻のつぶやきだったのです。

　その後の面接では、妻の夫に対する行動に変化があったことが報告されました。具体的には、まず簡単なあいさつ（「おはよう」「ありがとう」など）から始めたとのことです。しばらく続けていると、夫からも妻に言葉をかけるようになってきたとのことでした。決して大きな変化があったわけではありませんが、「今しばらくは夫とやっていこうと思います」との言葉で、数回の面接は終了となりました。

## 事例 Ⅴ

## 人間関係を整理するためのジェノグラム
### 子育て後期：養女となって続いた三世代家族

## ■ 不登校の相談

　相談は次女（12歳）の不登校です。母親は、「家族は七人です。祖父母、両親、長男・長女・次女です。父親は婿養子で、2年前から単身赴任です」と家族の紹介を始めました。家族のことを一通り聞いた後、「お母さんも三人きょうだいですか？」と母親のきょうだいを話題にしたところ、「実は…」と話し始めました。母親の目の前で作成したジェノグラムは、図5-8のようなものでした。みなさんは、どのようなことが思い浮かびますか？

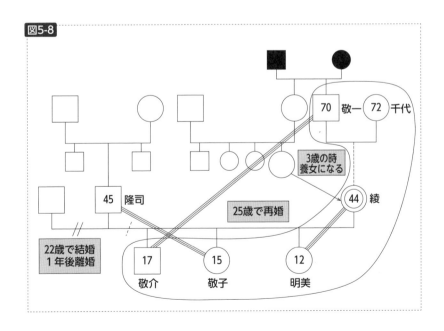

図5-8

## ■ 母親の語りに耳を傾ける

　私は3歳の頃に、母の弟夫婦（おじさん）の家に養女に出されました。私は四人兄妹の末っ子で、おじさん夫婦には子どもがいなかったのが理由です。母方実家の跡取りとして迎え入れられたのです。
　実の両親の家とおじ宅は隣の町でしたので、交流は頻繁にありました。私にすれば、実の親がおじさん・おばさんとなり、おじさん・おばさんが親ということになりました。とても複雑な心境でした。養父母にはずいぶん気を遣いました。大きくなるにつれ、何かあれば、3歳上の姉を頼りました。
　最初の結婚は見合いでした。22歳のときです。婿養子に来てくれるというのが前提でしたので、養父母の薦める相手と結婚しました。

## ■ 母親が語った家族のドラマ

　最初の夫はとてもおとなしい人でした。しかし、お酒が入ると人が変わったようになりました。私は夫と養父母との間でずいぶん気を遣い、一時期、不眠になりました。結局、養父母が言うまま、離婚することになったのです。そして、再婚することになりました。やはり、見合い結婚でした。離婚歴や婿養子も承知で結婚してくれた夫には感謝しています。長男は養父母に大変可愛がられました。小学校高学年までは、養父母の部屋で寝ていました。長女は夫がとても可愛がりました。そのような中で生まれた次女が唯一心の支えになっています。
　次女は私の実の姉と重なるのか、いろいろなことを安心して話せるのです…。長男は養父母にとられた感じ、長女は夫にとられた思いがありました。いつの頃からか、次女のみが私の支えになったのです。成長していく次女の姿を見ていて、うれしい反面、私の手元から離れていくかもしれないと思ったら不安でした。正直なところ、学校に行って、私の

知らない世界をつくっていくよりも、行かなくてもいいから、そばにいてくれるほうがという気持ちが強いです。

　これまで、いろいろな面で気遣いをしてきたので、私にとっては次女だけが支えだったのです…。でも、次女は、結局、私と同じように、家族に気を遣っていたのかもしれませんね。負担だったのかもしれませんね。それが、不登校とどのようにつながっているかは分かりませんが…。

## ■ ジェノグラムを用いて母親の人生を振り返る

　その後の面接では、母親のこれまでの歴史をゆっくりとたどり直し、その時々の感情について語ってもらうことにしました。

　その際、面接室のテーブルに毎回置いていたのがジェノグラムです。

　ある回は3歳までの育った家族のことが話題になりました。とても印象に残っていることは養女に行く前に実の両親と海水浴に行ったという思い出でした。なぜ、印象に残っているのかも分からないし、実際にあったのかどうかも確かめていないと語りました。さらに、実の両親に確かめるのが怖かったとも付け加えました。

　ある回は、養女に行った家での就寝時の様子です。就寝前になると泣き始め、養親を困らせたようでした。養親はずいぶん気を遣ったようで、何でも与えてくれた、物には不自由しなかったとのことです。ちなみに、名前で呼ばれることが多かったので、名字が変わったことは特に気にならなかったと言います。しかし、小学校に入る頃になって、実親のことや養親のことが分かるようになり、養父母に対して、距離ができたと感じたようです。実親から離れた寂しさや怒りのような感情も湧いてきたことが何度かあったとのことです。一方で、課せられている期待に沿わないといけないという思いも湧いてきたと言います。複雑な感情が吐露(とろ)された面接になりました。

　さらに、ある回では、最初の結婚の話が改めて話題になりました。内

容は、初回の面接で聞いていたことと重なる部分が多かったので、担当者は誰かに聞いてほしかったのかもしれないと感じました。母親一人の胸の中に抱え込んできたのかもしれないと思った担当者は母親に対して、「これまで周囲にずいぶん気を遣ったり、苦労しながら、とてもよくやってこられましたね」とねぎらいの言葉を伝えました。

　ジェノグラムを共有しながら、肯定的な側面を伝えたり、「ねぎらい」の言葉をかけることも、担当者の工夫としてできることです。

　もちろん、ジェノグラムがなくても、母親の気づきは生まれたかもしれません。しかし、少なくとも、母親の語りを触発したのはジェノグラムでした。ジェノグラム上の人物を指さしながら、家族・親子の関係についての話題が自然に展開したのです。また、話題が深まり活性化したとも言えるでしょう。

　ところで、この家族の場合、母親は家を継ぐ役割を期待された子どもであり、配偶者選択にまで影響を与えていました。家を継ぐ（具体的には土地や建物をはじめとした財産やお墓など）ために養子や養女を迎えるという家族に出会うことがあります。そこには、家族のドラマが生まれるわけですから、家族の歴史とそれに伴う感情を丁寧に確認することによって、家族の理解が深まっていくことになります。

　次女はある時期からスクールカウンセラーと会うようになりました。家庭訪問による出会いから始まり、学年の終わり頃にはスクールカウンセラーとの面接に登校するようになりました。中学二年生になると、ほとんど毎日のように保健室登校となり、スクールカウンセラーや学校の協力もあり、段階的に教室に入ることを目指していきました。

　母親の気づきと並行するように次女は母親から離れ、登校を再開したのです。

### 事例 Ⅵ
## ジェノグラムを介して関係者会議を開く
#### 子育て後期：夫婦がお互いを見つめなおす

## ■ 初回面接での母親の語り

　19歳の長男の相談。家庭内では母親（50歳）に対する暴力が繰り返されていました。「長男と暮らすのは嫌だ！　どこかに預けたい！」と拒否感が強い母親の訴えで相談が始まりました。家族は親子三人の核家族です。

　小学校の頃から、落ち着きのなさが顕著に見られるようになった長男は、学校からの紹介で病院や児童相談所などに定期的に通っていました。しかし、思春期に入るとさらに問題行動は活発化し、特に、暴力などの問題行動が頻繁になりました。

　手を焼いた母親は、「施設にでも入れてもらいたい！」「一緒に暮らすのは嫌だ！」という思いが日に日に強くなっていきました。

　高校を中退した長男は、あることをきっかけに、大きな暴力問題を起こしてしまいました。賠償も多額になると見込まれる中で、母親の拒否は決定的になったのです。

　初回面接は、母親が長男の問題行動を延々と語るという展開になってしまいました。同席した父親（50歳）はうんざりした表情で母親の語りを聞きながら、冷めた視線を送っていました。問題行動がエスカレートしているとの話題になったときに、突然、「母親の愛情不足」と父親は強く非難しました。母親は猛反発し、父親の非協力をなじることになりました。後味の悪さが残ったまま、初回面接が終わりました。

## ■ 二回目の両親面接：初回面接を受けて立て直す

　両親の葛藤が見られた初回の面接の二の舞にならないように、二回目の両親面接では共有できる話題から面接を展開することにしました。その際に利用したのがジェノグラムでした。

　まずは、命名の話題を切り出しました。家族のドラマに触れたいと考えたからです。二人は恋愛結婚です。誕生にまつわるエピソードを確かめると、母親は子どもを産むことそのものにとても強い不安をもっていたとのこと。一方、父親は子どもを強く希望していたことが語られました。ここでも、二人のズレが感じられました。

　父親の強い思いに押し切られるような形で出産になりました。しかし実際には、父親は育児に対して無関心・非協力だったようです。

　ジェノグラムを作成しながら、父親にも話題を振りました。父親の両親は厳格な教育者とのこと。長兄・次兄・姉の三人も教育者でした。末

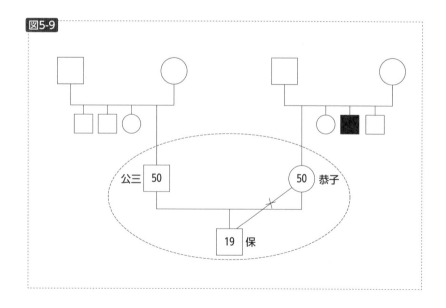

図5-9

子でもあった父親は大学卒業後、教育関係の公務員として勤めました。父親自身、父との記憶はほとんどなく、わが子とどのように関わったらよいのか分からなかったようです。

母親の育ちやきょうだい関係などについて、あえて、父親にたずねてみたところ、詳細についてはほとんど知りませんでした。結局、母親自身がジェノグラムを見ながら語ることになりました。父親の育った家族のジェノグラムを作成していましたので、母親自身の育った家族のジェノグラムの作成はスムーズに展開できました。

## ■ 母親の物語

母親は長女であり、すぐ下に妹がいます。第三子として生まれた弟（長男）は生後間もなく亡くなりました。さらに、次男は心臓に先天的な病気を抱えていました。

母親の両親は次男の世話や介護に精一杯だったとのこと。長女である母親に対する親の関わりは少なく、母親は親からの愛情を感じて育つことはなかったと言います。親から言われるままに4歳年下の妹の世話をしていたようです。ずいぶん寂しい思いをしたとも語りました。

母親は実家の母に対してプラスのイメージがないとも語りました。さらに、長男が問題行動を起こすと、父親の両親からだけでなく、母親の両親からも「母親の育て方が悪い」と母親の責任にされたのです。

母親の語りやジェノグラムを通して考えると、孤立無援な母親の状況が明らかとなりました。

## ■ ジェノグラムを介して関係者会議を開く

関係機関の担当者は、初回面接での母親の主訴を伝えると「親が引き取るのは当たり前だ！」と母親に対して批判的でした。そこで、二回目

の面接後この家族の支援について、関係機関が集まる機会をもつことにしました。もちろん、家族の情報について提供することについては、事前に母親の同意を得ています。

　そこで提示したのがジェノグラムです。面接担当者がジェノグラムを元に、家族の歴史を丁寧に報告したところ、当初の母親の思いを聞いていた関係者も、母親に対する批判的な見方だけではなく、これまでとは異なった感想を語るようになりました。家族の背景を理解することにより、新しい見方ができるようになったのです。例えば、「母親の気持ちも分からないではないな…」「母親もそれなりに頑張ってきたのかもしれないね」といったものです。その結果、「母親が一人で頑張らなければならない」ではなく、「どのようにして母親を支えていくか」という方向に向けて考えていこうとか、関係機関がどのように援助できるかといった議論が展開することになったのです。

　ジェノグラムを間に挟み、家族ドラマをたどることは、これまでの事例同様、夫婦お互いが理解しあううえでの第一歩となるばかりでなく、ときには、援助者や関係機関の家族理解（親への評価）を深めることになりました。親を責める視点（見方）を変えることは、親の味方（支援）につながると言えるでしょう。

　ジェノグラムを介在することによって、親（この事例の場合は母親）へのねぎらい（これまで、よくやってきた！）が、関係者の中にも芽生えたのです。支援のベクトルが同じになる機会となったのが、ジェノグラムを介しての関係者会議でした。

## 事例 Ⅶ
### 時間の流れに沿ったジェノグラムの作成
### ステップファミリー：離婚・再婚家庭の子どもへの支援

## ■ 問題行動の繰り返し

　昭夫（12歳、仮名）の問題行動は、8歳の頃から始まった自家金品の持ち出しでした。継父が厳しく対応するものの、問題行動は収まらないどころか、万引き、外泊とさらにエスカレートするようになりました。そして、彼の問題行動に比例するように継父の対応も激しくなるという悪循環に陥っていました。

　相談が始まった頃の家族をジェノグラムにすると、図5-10のようになります。彼が6歳のときに母親は再婚しています。ちなみに、それぞれの両親は結婚に反対したとのことです。

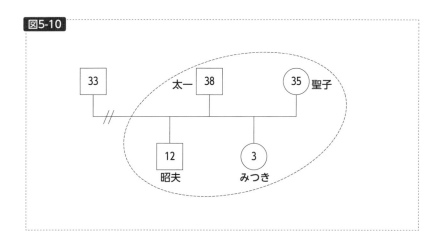
図5-10

## 家族の歴史に沿ったジェノグラムの作成：最初の結婚

　家族の歴史の流れに沿ったジェノグラムを作成しながら（図5-11）、現在にいたる母親の話に耳を傾けました。

　まずは、母親の最初の結婚です。いわゆる「できちゃった結婚」であり、最初の結婚も両親には反対されたので、その後、何かにつけ、実家の両親には頼ることができなかったとのこと。相手は2歳年下で、あまり働かず、金銭の問題や女性問題も加わり、昭夫が4歳になる前に離婚しています。昭夫は実の父親の顔は覚えていません。

　「いろいろと大変だったのですね」と言葉をかけると、離婚後、ある男性と一時期、同居していたことがあるということが語られました（図5-12）。

　ジェノグラムをもとに、具体的な生活の場所なども話題にすることで、自然と二人目の男性のことが話題に出てきたのです。さらに、昭夫はその男性のことを実の父親と思っているようだとのことでした。しかし、その生活も長くは続きませんでした。

　別れは親にとっても子どもにとっても、大きな影響を与える出来事です。死別による物理的な不在は、心理的にも大きな影響を与えることになります。喪失に関わることです。人によっては、怒りや攻撃性、不安

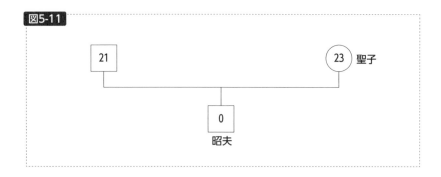

図5-11

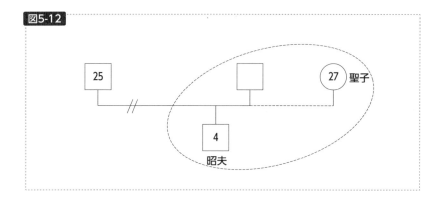

図5-12

や依存などといった面に表れるかもしれません。

　離婚も物理的な不在です。しかし、心理的には存在している場合があります。子どもにとっては、両親は離婚したけれど、「父親」「母親」である事実は変わらないからです。子どもにとっては、「物理的には不在、心理的には存在」という「あいまいな喪失」といった課題に直面することになります。何かにつけ、不安定になっても不思議ではありません。

　再婚の場合、配偶者とは生別（離婚）なのか死別なのか、また別れにいたるドラマを確認したいものです。

## 再婚：継父は

　そして、現在の夫と再婚したのです。継父と昭夫の母親との交際のきっかけは仕事を通じてでした。交際中、継父は就学前の男の子がいることを聞かされました。そのため、結婚するまでに、昭夫との外出を繰り返しています。継父は就学前の子どもの親になることにはためらいを感じていました。しかし、あるとき、昭夫がつぶやいた「おとうさんになって…」という言葉が決定打になったとのことです（図5-13）。

　継父がこの言葉を意識しすぎたのかどうかは分かりませんが、勉強を一生懸命教えたり、朝早くからキャッチボールをしたりする様子は、ま

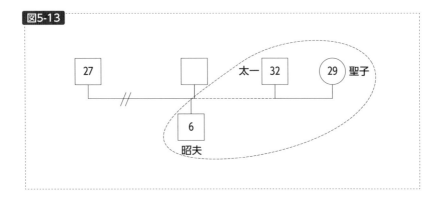

図5-13

　るで教育パパという雰囲気だったようです。母親から見れば、三人で暮らし始めた当初から継父は、昭夫に対して全力投球だったのです。
　義理の親は「子どもとよい関係をつくろう」とか、「早く子どもがなじんでくれるように〜」とか、「親になったのだから〜しないといけない」といった意識を大なり小なりもつことになります。
　さらに、「義理の親だから甘やかしている」「厳しくしている」と周囲から言われないようにしようと意識することもあります。「義理の関係だから子どもをいじめている」といった「継母（継父）神話」は、往々にしてプレッシャーになります。虐待の悪循環の渦に入り込むきっかけにもなってしまいます。
　実の親も、子どもが義理の親に馴染むかどうかに敏感になります。義理の関係の良し悪しや安定・不安定が夫婦の関係にも大きな影響を与えるからです。
　そういった意味でも、実の親は「最初から何もかもうまくいくはずはない」と居直るぐらいの気持ちで、義理の親子関係の構築を見守っていくことができればと思います。しかし、「継母神話」が暗黙のプレッシャーになり、義理の親を悪者にしないようにと、実の親のほうがわが子に対して、より強く「言うことを聞きなさい」と接してしまうことが繰り返されています。虐待ケースにはこのような悪循環が見られます。

## ■ 再婚：昭夫は

　再婚前後の昭夫の心境について母親にたずねる機会がありました。

　昭夫は母親に「友達の家には父親がいるのに、自分の家庭には父親がいない」と語ったとのこと。そして、「お父さんと呼べる男性が来てくれてうれしかった」とも付け加えたとのことでした。

　しかし、母親が妊娠し妹が生まれてから、親は自分のことを見向きもしなくなったと訴えたことがあるとのことでした。それどころか、妹が生まれるまでは優しかった父親（継父）でさえ自分に厳しくなり、居場所がなくなったと感じたようだと母親は話しました（図5-14）。

　さらに、母親への複雑な思いを抱いたこともあったとか。母親と大げんかしたときに、母親はいきおいで「あなたを妊娠したときに、おろすという考えがあった」と言ってしまったところ、昭夫はショックで、しばらく食事ができなかったなど、ジェノグラムを前にしながら、封印してきたさまざまな出来事や思いを語り始めたのです。

　子どもの年齢によって、義理の親への反応はさまざまです。義理の親が親子関係の構築に関して、それなりにエネルギーを注ぐのと同じように、義理の親に馴染むように子どももそれなりに神経を減らすことにな

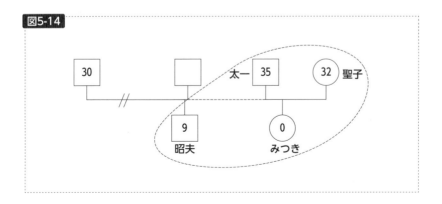

図5-14

ります。義理の親への呼び方に悩んだり、戸惑いを感じることがあっても不思議ではありません。子どもが親をどのように呼んでいるかも確認したいものです。

　ところで、義理の親だけでなく、実の親に対しても、顔色をうかがうようになっても不思議ではありません。そういった意味では、再婚によって生まれる継父母や義理のきょうだいとの関係づくりに向けた期間や親の配慮についても確認する必要があるでしょう。

## ■ 再婚：母親は

　可愛い娘も生まれ、日に日に成長していく姿を目の当たりにして、母親としてはこの風景は失いたくないと強く感じるようになっていたのです。母親にとってはこれまでで一番長く続いているのが現在の家庭でした。それだけに、昭夫の問題がエスカレートしている状態に困惑しているのでした。

## ■ 再婚家庭へのアプローチ

　再婚は、新たな巡り合わせや出会いということができます。喪失を超えて、あるいは喪失感を抱えながらの再出発ということもありうるでしょう。

　できれば、別れの時期（年月日）の確認とともに、再婚（再出発）の時期も確認したいものです。それは、別れという大きな節目をどのように過ごしたかという心の軌跡とともに、再出発への心構えについても理解を深めることにつながるからです。

　離婚・再婚の場合に共通するのは、「決定」「決定のプロセス」です。担当者とジェノグラムを作成しながら、「決定」をキーワードに話題を展開することもできるでしょう。

離婚・結婚を繰り返している場合は、その時期（結婚期間）を確かめることによって、異性関係・人間関係に関する課題や特徴をうかがい知ることができるかもしれません。

　さらに、より具体的なことがらとして、離婚・再婚に伴う姓（名字）の変化やその影響、住居や生活道具の変化とその影響、親の子育て観や価値観、教育観の変化とその影響、家族イメージや親役割の変化とその影響など、家族が変化することに伴うさまざまな面にも思いを巡らせてみて、確認したいものです。それらはすべて家族の理解につながるからです。

　なお、義理の親子関係になる間柄について、どのようなエネルギーをかけたのかも確かめてみたい点です。

## ステップファミリーの課題

　ステップファミリーの関係性については、親の離婚や再婚時の子どもの年齢によってもさまざまです。「義理の関係はこうだ」と一概に断定することはできません。

　大切なことは、「家族になったからと言って、初めから、何もかもうまくいくはずはない」「うまくいかなくても当たり前」といった思いをもつことであり、お互いに時間をかけて関係を築いていこうという思いになることです。

　繰り返しになりますが、ステップファミリーだから、離婚・再婚家庭だから問題なのではありません。離婚・再婚という、家族にとっては大きな節目、変化をどのように乗り越えようとしているのかをとらえること、家族メンバーの気持ちをどれだけ理解しようとしているのかが重要なことだと思います。

　なお、離婚・結婚を繰り返す家族に出会うこともあります。その場合、ジェノグラムが複雑になって、作成に戸惑うでしょう。作成に困るよう

な混み入ったジェノグラムの家族に出会った場合、家族関係も複雑である可能性が高いと考えてもよいかもしれません。

　昭夫の問題行動が激しい頃、一度家庭から離れ、お互いに冷却期間を設けるという思いから、児童福祉施設を利用することになりました。家庭復帰（引き取り）を目標に実施したのが、母親との定期的な面接でした。一方、昭夫は施設で安定した生活を徐々に送るようになりました。面会や外泊を重ね、家庭での居場所を実感することができた昭夫は高校入学と同時に家庭に戻っていきました。

## ホワイトボードを活用したジェノグラムの作成
### 高齢者がいる家族：相続問題を解きほぐし、高齢者本人の思いを支援する

## ■ 高齢者がいる家族の特徴

　高齢者がいる家族のジェノグラムを作成すると、三世代以上になることがよくあります。また、100歳を超えた人の登場は珍しくありません。90代の人なら当たり前のように身近にいる現代を反映して、ひ孫が登場するジェノグラムにもよく出会います。

　また、大正、昭和初期生まれの人は、兄弟姉妹が多く、甥姪も多いので、話だけで登場人物の位置を正確に把握するのはなかなか難しいものです。

　相談の入口は高齢者の介護問題であっても、介護にまつわる人間関係や金銭管理、遺産相続の問題が絡むこともあり、ジェノグラムは欠かせないものになってきます。特に相続（金銭、財産）問題はそれまでの家族関係や人間関係の集約と言ってよいでしょう。

　相談者と一緒にジェノグラムを作成することで、正確な情報を得ることができますし、相談者側にも実際に見えることで、新たな気づきが生まれます。特に相談室に備えている大型（180×90）ホワイトボードが大活躍することになります。ときには、何度でも訂正を繰り返しながら相談者との共同作業で正確な情報を描き出します。

　高齢者のいる家族のもう一つの特徴として、家族史（生活史）が長いことが挙げられます。相談者は過去のことも現在のこともまぜこぜに話されることが多いので、ライフステージごとのジェノグラムと、生活史表を組み合わせたものをつくることもよくあります。

## ■ 複雑な家族関係と思いを整理する

　この事例は、日常生活は問題なく健康にも留意していた夫が、ある日心筋梗塞で亡くなり、残った妻の面倒を誰がみるのかを話し合う必要性から出会うことになった家族です。

　妻との面接では広い土地と建物、高額な預貯金が残ったが、夫婦には子どもがいないこと。夫婦だけで暮らしていたとき、妻方の66歳の姪（A）が週に一回、妻を車に乗せて買い物に連れて行っていたこと。また、そのついでに2か月に一度は銀行に立ち寄り預金をおろしていたことなどが話されました。日常生活については、昼食は宅配弁当をとり、夕食は自分で簡単なものを調理していました。洗濯や掃除は自分のペースでできているとのことでした。

　担当者は、改めて66歳の姪（A）も同席のところで話を聞くことにしました。夫が亡くなってからは、妻の実家を継いでいる甥（B）（67歳）夫婦が何かと妻の相談にのっていたのですが、実は、以前から何となく夫方の甥（C）（夫の異母弟の息子：58歳）が、「いずれはこの家を継ぐ」と公言しており、妻もどうしたらいいのだろうと迷っているとのことが明らかになりました。

　話を聞きながら面接室内のホワイトボードにジェノグラムを作成していくと、亡くなった夫婦には子どもがいないが養子を迎えるでもなく、誰に本家を継いでもらうかを夫は決めずに亡くなったことも明らかになってきたのです。さらに、一人残った妻の面倒を誰がみるのかという問題と同時に、本家を誰が継ぐのか、つまり遺産相続の問題も考慮しなければならないことが分かってきました。

　日常生活の手助けをしている妻方の甥（B）夫婦や姪（A）は、妻の相続人でもありました。しかし、夫方の甥（C）にしてみれば、本家の財産が妻方に全部もっていかれた形になり、本家の消滅にもつながることなので面白くないと思っていたのです。

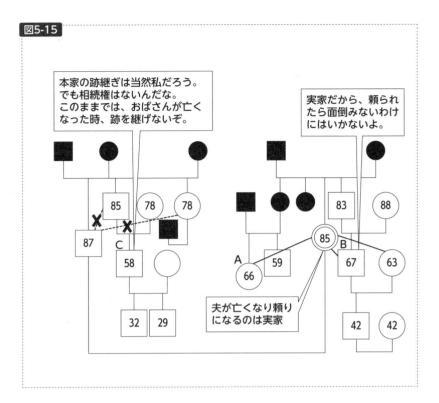

図5-15

　こういった問題について、話を聞くだけでは誰のことを言っているのか不明で、関係性をあいまいに理解してしまうことが少なくありません。往々にして、話がこんがらがってしまい、「そもそも何が問題で、何を解決しなければならないのか」といったことが、なかなか見えてこないことにも陥りがちです。しかし、ホワイトボード全体を使ってジェノグラムを作成しながら、情報を整理すると課題が明確になってくるのです（図5-15）。

## ■ 高齢者を巡る思いと関係性

　本家の後継者を誰に託すのか。誰にも託さず途絶えることを選ぶのか。また、今後妻が要介護状態になったとき、その世話を誰に頼むのか。法定相続人から誰かを選ぶのか。本家の後継者なのか等々、一つひとつの課題について、妻を中心に話し合う場を設定していくことになりました。幸いなことに、判断能力はしっかりしていた妻でした。妻はさまざまな選択をしなければならなかったのです。

　ただし、一つひとつの課題は大きなものですので、まずは妻が納得するまで時間をかけて付き合っていくことになりました。

　ほとんど毎回、66歳の姪（A）が面接の場には同行しましたが、あくまでも中心は妻なので、できるだけ待合室で待機するように伝えました。

　後継者を誰にするかといった話題を取り上げた面接では、実は夫方の甥（C）に跡継ぎになってもらうことを嫌がっていたのは夫自身だったとのことが明らかになりました。

　ホワイトボードに書いているジェノグラムを見ながら妻が夫の家庭事情を詳しく語ったのです。夫の実の母親は病弱で早くに亡くなり、婚姻関係でなかった女性が男子を生んでいたこともあり、実の母親の一周忌の後に家に入り継母となったのでした。その後、妹も生まれ、夫は寂しい思いをして育ったため、異母弟、妹とはあまりうまくいっていなかったのです。さらに父と継母は子どもができなかった妻につらく当たることも多く、異母弟や異母妹の子どもたちを可愛がったとのことです。夫の思いだけではなく、妻の思いも率直に語られた面接となったのです。

　数回の面接を経て、今後のことについての多くのことを妻方の親戚に委ねることを決意しました。その思いの中には、夫の思いを面接の場で再確認できたことが大きかったようです。

　それぞれの課題について選択後は具体化をしていく必要があります。例えば、養子縁組をする、遺言書を書く、後見制度の活用をするといっ

たことです。

　妻の思いを中心に具体的な社会資源の活用なども含めて、サポートすることになりました。

## ■ 大きなジェノグラム：ホワイトボードの活用

　高齢者の介護問題は家族や親族にとっても大きな課題となります。そして、介護問題ついて関係者が話し合うと、実は、相続問題などが背景に存在しているということが少なくありません。過去の未解決な葛藤といった感情問題が時間を超えて顕在化し、さらに、現在の問題に複雑に反映してしまうのです。

　高齢者がいる家族の課題は、長い時間を要して、複雑多岐に絡み合った問題だけに、まずは課題を整理するといったことが重要になります。

　その際、高齢の本人・家族や親族はもちろんのこと、援助者や関係者に見える形で、協働しながら、面接室内に準備したホワイトボードを使ってジェノグラムを作成することは有効な援助になります。課題や思いを話し合うのですが、面接に参加している者が対面するのではなく（二者関係ではなく）、視線を同じ方向に向けること（三者関係）は、協働作業という意識を共有することにもつながります。相談相手の年齢やその場の状況に合わせて、紙ベースではなく、ホワイトボードというツールも大いに活用したいものです。

# 第6章
# ジェノグラムカンファレンス

1. はじめに
2. 知っていることの落とし穴
3. ジェノグラムカンファレンスの流れ
4. ジェノグラムカンファレンスの実際
5. まとめにかえて

## 1 はじめに

　スーパービジョンや事例検討は事例提出者とスーパーバイザーとの間で行う個別的なものがあります。第6章では、ジェノグラムカンファレンスの一例を紹介します。

　カンファレンスの目的は事例提出者が家族理解を深めることに尽きます。事例提出者の理解の幅を広げ、これまでとは異なった視点を手に入れるのです。もちろん、援助プランを導き出すことは不可欠です。

　また、事例提出者の見方の変化は相談者との関係にも変化を及ぼします。事例検討を通して、事例の理解を深めることが相談者の変化につながるきっかけになることが重要です。

## 2 知っていることの落とし穴

　事例提出者はその家族に関して、多くの情報を知っています。さらに、情報をもっとも多く知っているのは当事者（家族・本人）です。

　しかし、情報量の多さが問題解決に役に立ち、うまく問題解決につながるとは限りません。そうであるならば、そもそも、家族には問題が起こるはずはありませんし、相談に来る必要もありません。

　多くの情報を知っているということは、どうにもならない事態の細部まで知っているということです。また、情報の多さにとらわれて、不自由になっている側面もあるでしょう。

　ところで、「岡目八目」という囲碁から出た言葉があります。問題の渦中にある人、一点集中で考えている当事者よりも、問題や事態から少し距離をとって、全体像を冷静に眺めている第三者のほうが、情勢をか

えってよく見ることができるといったことを表す言葉です。

　事例提出者も、実は渦中の一人です。相談や援助活動を通して、問題に近い距離にあるメンバーの一人となり、ときには問題に巻き込まれています。だからこそ、信頼できる他者からのスーパーバイズや、事例検討を通して事例全体を客観的に見ることが必要なのです。特に、問題解決が長引いている場合には、「外」から振り返ってみることです。

　ジェノグラムを中心にしたカンファレンスは、初回面接を終えたケース、継続的に会っているケースなどを、事例提出者の希望に沿って進めていきます。共通するのはこれからの面接や援助の展開を考えたいとの思いです。

## 3 ジェノグラムカンファレンスの流れ

　事例提出者の心構えとしては、情報を伝えすぎないように気をつけることです。多くの情報を伝えることによって、「家族が語った物語」や「事例提出者が構成した物語」を提示してしまう可能性があるからです。また、事例提出者からの報告が長くなり、参加メンバーからのコメントがほとんどないというような状況にならないように、提示する情報は最小限にとどめます。

　カンファレンスに参加したメンバーは、「正しいこと」「当たっていること」だけにこだわった発言をすることがないように留意します。知らないからこそ、自由に着想し、発言することができるのです。なお、全体の時間は45分〜60分を目安にしています。

## 4 ジェノグラムカンファレンスの実際

　最初はシンプルな家族情報を提示することから始めます。「父＊＊歳、母＊＊歳、祖母＊＊歳、男の子＊＊歳、女の子＊＊歳」といったものです。以下、事例提出者は「提」、進行役は「進」、参加者（六人）はアルファベットで記載。

進：この場には、高齢・教育・医療の分野で働いているメンバーが集まりました。各分野からの発想を意見交換することによって、事例提出者にとっても新たな発見が生まれればよいと思います。今回は家族の情報から家族のイメージを深めること、あるいはさまざまな可能性を考えてみます。さらに、追加情報をもらって面接や家族の援助を考えるうえでどのような点に焦点を絞るのかといったことについて検討します。

### ■ 家族情報の提示

進：それでは家族情報について、紹介してください。
提：はい。同居の家族は母（40歳）と長女（7歳）。夫婦は3年前に離婚し、長男は2年前に亡くなりました。なお、長男は当時9歳でした。
進：まずは、この情報を元にイメージすることや関心をもつこと、また、気になることなどについて、二人一組で自由に話し合ってください。

### ■ 基本的な家族情報から家族のことを考える

　読者のみなさんも限られた情報から考えてみてください。
　メンバーは、指定された時間（10分程度）で提示された情報からあれ

これと思い巡らせます。ジェノグラムについても一つに決めつけて考えるのではなく、さまざまな可能性を考えます。また、起こりうる可能性の大小やその根拠、そして、その可能性から導き出される課題なども考えます。

ときには、ジェノグラムの提示から始める場合もあります。その場合、年齢情報だけを記載します。それを私は、「スッピンのジェノグラム」と呼んでいます。

いずれの場合も、メンバーはその家族が選択できたであろう可能性を考えてみるのです。選択しないとすれば、どのような理由や事情があったと考えられるのかについても着想を広げていきます。

事例提出者は、メンバーがコメントする可能性の広がりを聞くことになります。そして、実際に家族が選んだ現実（状況）との差異を見つけるようにするのです。選んだ現実（現実の家族状況）との差異が大きければ大きいほど、その家族特有の事情を抱えていることになります。

家族が選んだ現実（状況）は一つです。その中にも、家族の決定の仕方や特徴が潜んでいます。一方で、選ばなかった状況はいくつもあります。それらをトータルして考えることによって、ある状況を選択した家族の理解に近づくことができるのです。それは問題や問題の維持、また、問題解決とも関連しています。

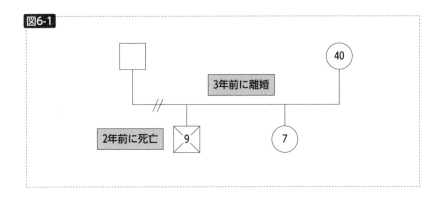

図6-1

## ■ 全体へのフィードバック

　読者のみなさんは思い浮かべた感想とこれからの発言を比べてみてください。

進：ペアグループでの話をフィードバックしてください。
I：私が一番気になったのは長男（当時9歳）の死亡というエピソードです。また、兄妹が4歳違いとすれば、二人の父は共通で実の親子の関係と思います。3年前に離婚とのことですが…。
K：そうなると、母は29歳で第一子を出産していることになりますね。母の年齢から考えると、大学を卒業して、社会人経験もあるのではないかと思いました。長男が亡くなるまでは、順調に計画的に家族構成も考えて、暮らしてきたのではないでしょうか。
I：順調に進んできたとしたら、長男の死亡はとても大きなショックになったでしょう。どうして亡くなったのかについて知りたいです。
U：長男はどうして亡くなったのか？　例えば、病気で長く看病していたのか？　事故で突然亡くなったのか？　といった点にも関心があります。それは両親の関係にも影響を与えているでしょうね。
Y：3年前の離婚の経緯・原因も気になりますね。さらに、離婚当時、母は仕事をもっていたのかどうかも…。
U：私は長女のことがとても気になるかな。3年前に父がいなくなり、2年前に兄が亡くなって、長女はどんな気持ちで生活しているのかなって…。
進：母が幼い子ども二人を抱えて離婚を考える場合、経済的な見通しはどのような感じだったのだろうか？　見通しがないとなかなか離婚を思い切ることができないのではないか？　どうしても、離婚のきっかけや離婚を決意した理由に関心が向きますね。
O：もしも長男に何らかの病気があり、世話が必要であったとすれば、

母のエネルギーは長男に向かいがちになってしまいますよね。その中で夫婦の関係に軋轢（あつれき）が生じたり、夫婦関係が疎遠になったとも考えられるな。
U：大切な家族を亡くしたという喪失体験は母にとってつらいことだったと思います。もちろん、長女にとっても大きな喪失体験になったでしょうね。
I：長男が病気で、看病のため母のエネルギーが子どもに向き過ぎて夫婦が離婚となれば、長女はどのような気持ちになったのだろう…。
K：長男が長患いということであれば、父は子どもや妻に関心や理解が乏しい人という話にうなづけますね。
F：この母の子育てをサポートする人はいるのかな？　母の上の世代はどうなっているのかな？　やっぱり、経済的基盤や亡くなった理由を知りたいですね。突然亡くなったのか、障害や病気だったのかといった点について知りたいです。
I：子どもを亡くした母はそう簡単には立ち直れないでしょうね。また、2年経ったとはいえ、長男が亡くなった日が近づくと記念日反応も出てくるでしょう。そういうオプションを取り払っても、母と娘の二人だけの生活というのは結構息苦しいものと思いますね。
U：子どもを亡くした母は残った子どもに対して、過保護な関わりをしてしまうかもしれないですね。長女に症状が出てもおかしくないし、もちろん、母にも…。
I：母がいきいき元気に過ごしているとは考えにくいですね。

> **コメント▶家族の歴史をたどると…**
> 　年齢や現在の家族構成から、さまざまなことを思い浮かべています。例えば、年齢情報から家族の歴史に思いを巡らせています。その中で、この家族の場合の特徴的なエピソードに焦点が当たりました。
> 　夫婦の離婚に関しては、離婚にいたる理由や経過、別れ方などです。ま

た、長男が亡くなっていることについては、病気のため、看病などの時間がしばらく経過したのか、突然なのかといった、亡くなり方に関心が向きました。この点については、死を迎えるまでの家族メンバーの心の準備ということができるかもしれません。家族（親）がどのように関与していたのかも含め、亡くなり方（心の準備の有無）に関心が向いたのは、親が自分を責め、その後の残された家族の生活に大きな影響を与えることにつながることが少なくないからです。

　家族の死はもちろんのこと、離婚や離婚に伴うさまざまな家族生活の変化も大きな喪失体験です。

　また、記念日反応との話題が出ました。これは、例えば、神戸や東北の震災に遭遇した家族にとって、その日が近づくことによって、当時の記憶とともに、さまざまな思い（不安、怒り、後悔等々）が湧いてくる、ときには身体症状としても表れてくるといったものです。

　これまで出会った家族の例ですが、子どもが亡くなった日だけでなく、その子の誕生日やきょうだいの入学式などの際にも、亡くなった子どもを思い出し、デリケートになることがありました。その家族にとっての記念日はいろいろあると思います。

《事例提出者の感想》

進：限られた情報からですが、この家族について浮かんだことや課題についてなど、それぞれコメントがありました。ここまでのコメントを聞いた感想をお願いします。

提：私はこの家族の話を聞いているので、いろいろな事実を情報としてすでに知っていますが、それらの事実は単独に点として存在するのではなくて、結びつき方によって文脈が形成されています。文脈の形成は人によって、立場によって、時期によってなど、さまざまな条件で変わってきますが、相談の場での語りは、母が現在焦点を当てていることを中心に形成されている文脈だと改めて感じました。

例えば、それまで「『順調に計画的に』家族をつくってきたとすればショックはさらに大きい」という視点は、母の視点からは浮かびあがりにくい文脈ですが、こうしたことを認識しつつ関わるのと、そうでないのとでは、理解の深さが違うと感じました。そういう点で、ジェノグラムでの検討は、ある条件の中で存在しうる文脈をたくさん浮かびあがらせてくれると思いました。

## ▮ 追加情報の提示

進：それでは、長男が亡くなった経過、また、離婚の理由や経過、さらには、父に関すること等、追加情報を提示してください。

提：亡くなった理由は外出先での事故でした。具体的には水遊びに出かけた川での溺死でした。何らかのきっかけでけいれん発作を起こしたようです。その日の午前中は、別れた父が子どもに会いたいと言って、ファミレスで会っていました。午後、自宅近くの川に遊びに出かけた際に起こった事故でした。母は長女の着替えなどを手伝っていたのですが、長男が戻ってこないので見に行くと、意識を失くしている長男を発見しました。救急車で病院に運び込まれましたが、意識がない状態が続き、約1か月後に亡くなったのです。

　子ども二人の父は一緒で、離婚の理由はDVでした。身体的暴力ではありませんでしたが、長時間、母を叱りつけるなどが繰り返されていたそうです。そして、直接的な引き金は夫の浮気でした。そのことが分かって、離婚を考えたとのことでした。父は現在45歳で、離婚当時は母の実家に三人が身を寄せていました。長男が亡くなったのは、離婚が成立し三人で生活を始めた矢先のことでした。母の仕事は保健師です。

## ■ 追加情報から考える

進：限られた追加情報からですが、キーワードとしては亡くすとか喪失ということが出てきました。これからの家族への支援をペアで考えたいと思います（10分程度）。

※読者のみなさんも考えてみてください。

進：それではフィードバックをお願いします。
U：遊びに行った川で意識がないわが子を発見したのだから、当然、母は自分のことを責めるでしょうね。保健師という仕事も考えると…。一方で、すぐに対応したのが功を奏して蘇生したのだと思うと、パニックになりながらでも対応している点は、さすが保健師だと思いました。もしも、その場ですぐに亡くなっていたら、もっとダメージが大きく、母は立ち直れないと思います。
O：1か月間世話をしたとのことなので、それなりに気持ちの整理はできたのではないでしょうか。自分が助けたという思いも…。すぐに亡くなっているのとは母の中の思いが異なると思います。
U：わが子の死という事実に直面したら、母は自分なりに整理をしなければとも思うでしょうね。
I：母は自分を責めてつらいでしょう。また、母が落ち込んでいたとしたら、長女が親子の役割を逆転するかのように、母を支えることも起こりうるかとも考えられますね。
K：親子の間で立場が逆転しても不思議ではないように思います。
進：長女が自分を責めるかどうかは分かりませんが、母とともに支え合うことが考えられます。
F：母娘の密着のようなことが生じないのかな？　母と長女との関係については、長男がいたときとは変わるでしょうね。長女は母の気持ちを喜ばせるような役割をとることがあるかもしれないし……。

U：母は無理をするかもしれないし、母にすれば、長女がいるから何とかやっているのかもしれないね。子どもがいなかったら、母はさらにつらいでしょう。

Y：私は母娘二人が朝ご飯を食べているところをイメージすると、暗い場面しか思い浮かばないです。夫婦の離婚後も別れた父と面会交流していたとして、もしも、父が長男の葬儀の場に来たら、きっと母を責めるでしょうね。母娘二人の心は癒えていないし、母と長女、どちらが症状を出しても不思議ではないですよね。

O：長女は父を失って、さらに兄を失ったら不安が強くなって、片時も母とは別れられないでしょう。

Y：母子三人の生活で、再出発というタイミングで出鼻をくじかれた形ですよね。母は仕事に逃げるのかな？　自分が救えなかったということで…。

F：保健師という仕事をもっているということはプラスとマイナスの両面があるように思うな。母の経験がこれからの仕事にどのような形で反映するのだろうかと思ったりしました。

進：母娘二人だけで閉じこもってしまうのではなく、第三者の存在は大切だと思います。例えば、母の親、母のきょうだいなどの力を借りることも考えられます。離婚したときには母は実家に戻っています。特に、母のきょうだいの存在は母のサポートという面で大きいかもしれません。自分のほうから援助を求めるサインを母から出せるかどうかが大きなポイントだと思います。

U：私だったら、一旦、親のところに帰ると思います。子どもはどう思うかは別として…。

I：母は自ら援助を求めて手を挙げにくい人かもしれません。離婚にいたる経過を考えると……。それならば、長女が何らかの症状を出すことをきっかけに、援助を求めることも考えられますね。

## ■ 相談経過

進：改めて、事例提出者から経過をお願いします。

提：相談のきっかけは母の兄嫁からの紹介です。母には兄夫婦がいます。兄夫婦には子どもが三人いて、特に年齢が近い12歳と7歳のいとこ同士は仲がよく、亡くなった子はいとこを慕っていて、家族ぐるみの付き合いでした。別れた父は弁護士をたててまで、子どもに会わせろと面会を求めてきました。心配した兄嫁が勧め、母からも相談に行きたいと希望があったのです。

母と長女の関係は支え合ったり、密着したり、逆転していると感じることもあります。長女はお腹が痛いと言って学校を時々休むという症状があり、相談に来たときは、母から離れられない感じでした。母はこれまでほとんど苦労らしきものはせず育ってきたと……。仕事は、長男が続けろと言ってくれているような気がして続けているようです。仕事も休むことなく、すごく入れ込んでいるようにも見えます。

図6-2

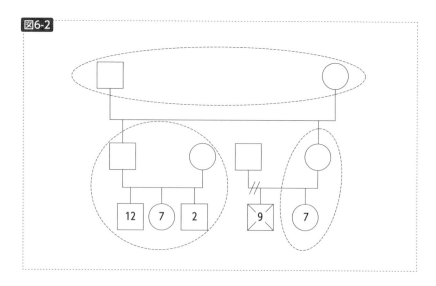

《事例提出者の感想》

進：最後に事例提出者から感想などをお願いします。

提：皆さんが想像してくださったことの中には、私がまだうかがっていないこともありますし、実際に起こったことも起こらなかったことも含まれています。まだうかがっていないことの中には、私が焦点を当てていないポイントもあり、それは私が見落としやすいポイントでもあり勉強になりました。機会があればそのことも聞いてみようと思います。長女と母との関係は、実際に起こっていることが話されていました。この点には丁寧なサポートが必要だろうと感じています。まだ明らかではない子どもにとっての文脈が分かっていくような付き合いが、相談の場でも大事にされるとよいのだろうと思います。

一方、実際に起こらなかったこともいくつかあり、例えば、「母の実家に一旦戻る」という選択を母はしませんでした。母からの話の中では割と自然に感じられていましたが、実家に戻ることは、ありうる選択肢として挙がってくるのですから、何か特別な事情や心情的な理由があるのかもしれないと思いました。このように、相談に来た人の文脈に肩入れして聞いていることで、相対化しにくい面を浮かびあがらせてくれるのも、ジェノグラムで全体を俯瞰して検討しているからなのだと思いました。

進：皆さん、ありがとうございました。

# 5 まとめにかえて

　事例提出者は、これまで気がつかなかった発想や可能性など、その家族を理解するうえでの「発見」を心がけます。ジェノグラムを通した事

例検討は、グループメンバー（他者）のコメントや発想を通して、事例提出者自身の着想や発想、さらには見落としの癖に気づくことができるチャンスです。

　また、他者のコメントから謙虚に学んだり、自分を相対化するといった面でも貴重な機会になります。チームで仕事をする人だけでなく、一人職場で仕事をする人にとっても、ジェノグラムをベースに仲間やグループで思いを巡らせる機会を大切にしたいものです。

# 付録　ジェノグラムのフォーマット

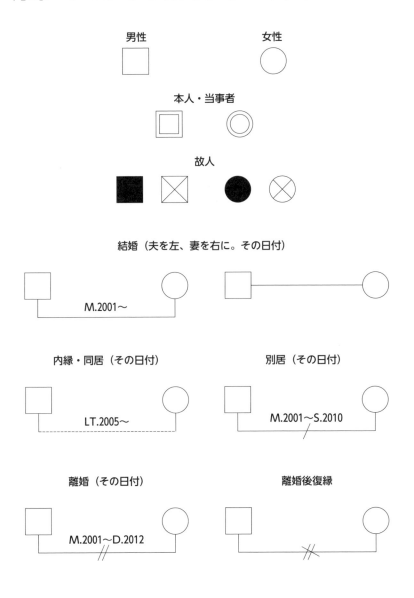

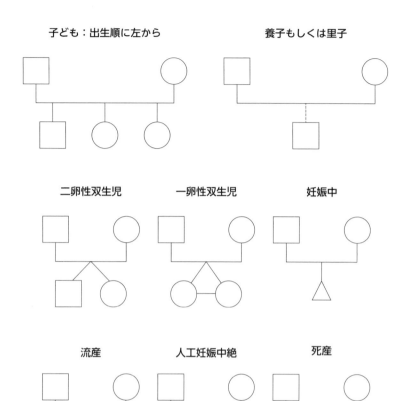

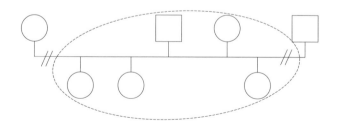

父母それぞれの再婚による家族
(同居家族は点線で囲む。親権が変わった場合はその由記載のこと)

ペットの表記

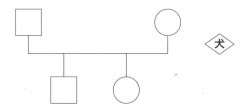

単身赴任（その日付）

人工授精

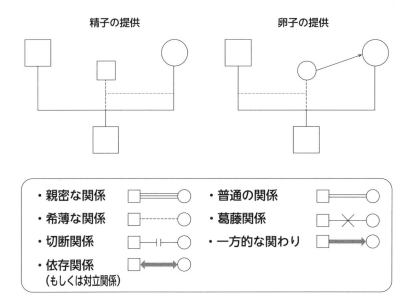

# 参考文献

- モニカ・マクゴールドリック・ランディ・ガーソン,石川元・渋沢田鶴子訳『ジェノグラムのはなし――家系図と家族療法』東京図書,1988.
- Monica McGoldrick, Randy Gerson, Sylvia Shellenberger, *Genograms: Assessment and Intervention 2nd*, WW. Norton and Co, 1999.
- モニカ・マクゴールドリック・ランディ・ガーソン・シルビア・シェレンバーガー,石川元・佐野裕華・劉イーリン訳『ジェノグラム(家系図)の臨床――家族関係の歴史に基づくアセスメントと介入』ミネルヴァ書房,2009.

## おわりに

　ジェノグラムは出会いとつながりを表したものです。そして、不思議な出会いとつながりを通して出版することができたのが本書です。
　京都国際社会福祉センター（KISWEC）のプログラム受講がそもそもの始まりです。そのきっかけとなった団士郎さんとは現在もさまざまな形で協働しています。本書が『対人援助職のための家族理解入門──家族の構造理論を活かす』（団士郎著、中央法規出版）の兄弟版になればと願っています。
　そもそも、団さんと担当しているKISWECのプログラムに参加した古川秀明さん、寺本紀子さん、興津真理子さんたちとの出会いが第5章や第6章につながっています。
　また、寺本さんたちのワークショップの場で、雑誌『ケアマネジャー』（中央法規出版）の取材に来ていた猪俣久人さんに出会いました。それがきっかけとなり、「家族造形法を使った事例検討会」が『ケアマネジャー』（中央法規出版）に連載されました。そして、そのつながりから今回の出版企画が生まれました。なお、第5章の一部は寺本さんの担当です。
　第6章は、家族造形法を使った事例検討会を10年以上続けている「家族援助を目指す人のための研修会」（ふるかわ家族カウンセリング研究所主催）のメンバーである古川さん、坂口伊都さん、岸本良彦さん、上野幸子さん、大島由里子さん、田原由喜子さん、興津さんが協力してくれました。
　中央法規出版では寺田真理子さん、相原正己さんに編集の手を煩わせることになりました。
　これまで出会った多くの方々、編集部のみなさんに、改めて、感謝申し上げます。
　これからも不思議な出会いとつながりが続きますように！

## 編著者紹介

**早樫　一男**　はやかし・かずお

　追手門学院大学文学部心理学科卒業。京都府福知山児童相談所心理判定員からスタートし、児童相談所、知的障害者更生相談所、身体障害者更生相談所、児童自立支援施設など、児童を中心とした福祉現場に勤務。1985年より2年間、京都国際社会福祉センターでG．D．シメオン氏より、家族療法を学ぶ。2011年3月末の定年退職後は同志社大学心理学部教授として教育に携わる。
2014年4月より、児童養護施設「京都大和の家」(盛和福祉会)施設長。

# 対人援助職のためのジェノグラム入門
―― 家族理解と相談援助に役立つツールの活かし方

2016年4月25日　初　版　発　行
2024年1月25日　初版第4刷発行

編　著　早樫一男
発行者　荘村明彦
発行所　中央法規出版株式会社
　　　　〒110-0016　東京都台東区台東3-29-1　中央法規ビル
　　　　TEL 03-6387-3196
　　　　https://www.chuohoki.co.jp/

装丁・本文デザイン　　木内美野里
カバー・本文イラスト　村山宇希

印刷・製本　西濃印刷株式会社

本書のコピー、スキャン、デジタル化等の無断複製は、著作権法上での例外を除き禁じられています。また、本書を代行業者等の第三者に依頼してコピー、スキャン、デジタル化することは、たとえ個人や家庭内での利用であっても著作権法違反です。

定価はカバーに表示してあります。落丁本・乱丁本はお取り替えいたします。
ISBN978-4-8058-5360-3

本書の内容に関するご質問については、下記URLから「お問い合わせフォーム」にご入力いただきますようお願いいたします。
https://www.chuohoki.co.jp/contact/